Das Wort Gottes – lebendig, kräftig, schärfer

Texte aus dem Netzwerk Bibel und Bekenntnis

Herausgegeben von Ulrich Parzany

netzwerk
bibel und
bekenntnis

Verlag Logos Editions

© 2020 Verlag Logos Editions
Postfach 1131, 91502 Ansbach
Bahnhofstraße 17, 91575 Windsbach

Umschlaggestaltung, Typografie und Satz:
Wilhelm G. Adelberger
wilhelm@adelberger.name
www.adelberger.name

1. Auflage November 2020

ISBN 978-3-945818-25-1

Das Wort Gottes – lebendig, kräftig, schärfer

Verlag Logos Editions

Vorwort von Ulrich Parzany

Das Netzwerk Bibel und Bekenntnis veröffentlicht auf der Internetseite www.bibel-undbekenntnis.de regelmäßig Texte zu grundlegenden Themen des christlichen Glaubens und Lebens, die in den Kirchen heute umstritten sind. Sie finden dort nicht nur Texte, sondern auch Videos mit kurzen Stellungnahmen und ausführlichen Vorträgen. Dieses Buch bietet den Lesern einige dort erschienene Artikel, aber auch Vorträge in schriftlicher Form, die im Internet zu hören und zu sehen sind.

Der Titel dieses Buches bezieht sich auf den Hebräerbrief, Kapitel 4,12 und 13:

> „Denn das Wort Gottes ist lebendig und kräftig und schärfer als jedes zweischneidige Schwert und dringt durch, bis es scheidet Seele und Geist, auch Mark und Bein, und ist ein Richter der Gedanken und Sinne des Herzens. Und kein Geschöpf ist vor ihm verborgen, sondern es ist alles bloß und aufgedeckt vor den Augen Gottes, dem wir Rechenschaft geben müssen."

Wir sind gewiss, dass Gottes Wort seine Wirkung heute hat und in Zukunft haben wird.

Ulrich Parzany

Das Wort Gottes – lebendig, kräftig, schärfer

Jörg Breitschwerdt
Theologisch konservativ – warum bibeltreue Christen immer wieder protestierten[1]

Ein Blick in die Geschichte.

Theologisch konservativ – warum bibeltreue Christen immer wieder protestierten –
und auch heute noch: Warum gibt es immer wieder diese Auseinandersetzungen
in der Christenheit? Ich will heute Nachmittag einen kurzen Ritt durch 500 Jahre
Protestantismus wagen. Verzeihen Sie mir, wenn es manchmal zu schnell geht
oder wenn ich manches zuspitze, was man sicher detaillierter und differenzierter
betrachten müsste. Warum also diese ständigen Auseinandersetzungen? Es wäre
doch schöner, wenn wir uns alle einig wären! Ein Blick in die Geschichte des Protestantismus zeigt aber, dass das noch nie der Fall war. Der Protestantismus ist
eine Geschichte der theologischen Auseinandersetzung. Theologischer Streit ist
ganz normal! Typisch evangelisch! Wir Christen ringen um die Wahrheit und das
zeichnet vor allem uns Evangelische aus. Überblickt man die Auseinandersetzungen
seit der Aufklärung, dann kann man eine im Hintergrund aller Diskussionen schwe-
lende Konfliktlinie sehen, die immer wieder deutlich wird. Die vielen theologischen
Diskussionen fallen nicht vom Himmel, sie laufen meistens an dieser Konfliktlinie
entlang. Ein bedeutender deutscher Historiker sprach in diesem Zusammenhang
sogar von einer impliziten Konfessionalisierung des Protestantismus[2], also von
einem unausgesprochenen theologischen Gegensatz, der quer durch die Landeskirchen, die Gemeinschaftsverbände, und die Freikirchen verläuft. Man kann mit
dieser impliziten Konfessionalisierung des Protestantismus auf zweierlei Weise
umgehen:

(1)   Man kann den theologisch-sachlichen Konflikt als „Streit um des Kaisers
Bart" bagatellisieren oder als „wortlastiges" Theologengezänk auf die Seite schieben,
um das – eigentlich doch einladende und positive Bild unserer Kirche, unseres
Gemeinschaftsverbandes oder unseres Werkes nach außen nicht zu gefährden oder
zumindest ein solches zu erzeugen.

Oder man kann

(2)   den theologisch-sachlichen Konflikt möglichst klar benennen, um in
einer sachlichen Diskussion zu klären, was eigentlich „evangelikal", „bibeltreu",

---

1   Der Text ist eine leicht bearbeitete Version des Vortrages für das Netzwerk Bibel und Bekenntnis
    Regionalkonferenz Stuttgart am 26. September 2020.
2   Vgl. Nipperdey, Thomas: Religion im Umbruch. Deutschland 1870–1918, München 1988, S. 75f.

„pietistisch" oder letztlich „evangelisch" oder „christlich" überhaupt theologisch bedeutet.

Dieser Weg ist m. E. heute nötiger denn je. Wir brauchen eine theologische Grundlagenklärung.

Um diesen Grundlagenkonflikt der letzten Jahrhunderte einmal auf die Spur zu kommen, würde ich heute gerne in ganz groben Zügen einen Blick in die Geschichte werfen, um zu sehen, warum bibeltreue Christen immer wieder protestierten.

1 Der theologische Grundkonflikt: Die Auseinandersetzung um das Wort Gottes in Orthodoxie, Pietismus und Aufklärung

Im Netzwerk und schon früher in den Auseinandersetzungen der evangelikalen Bewegung mit Universitäten und Landeskirchen seit den 1960er Jahren ging es immer darum, die Kirche an ihre Bindung an Schrift und Bekenntnis zu erinnern. Aber was ist unter diesem Begriff zu verstehen? Wo kommt diese Mahnung her?

1.1 Das protestantische Schriftprinzip

Nach Martin Luthers Tod im Jahre 1546 gab es innerhalb der lutherischen Theologen schwere Auseinandersetzungen hinsichtlich der richtigen Lehre. Diese Streitigkeiten endeten 1580 mit einem Vertrag, der in einem Vertragsbuch (dem sog. Konkordienbuch) niedergeschrieben wurde, in dem alle strittigen Fragen beantwortet wurden.[3]

Dieses Konkordienbuch wurde eingeleitet durch eine Einleitungsformel – die Konkordienformel, die grundlegend für alle weiteren theologischen Fragen war. Diese Konkordienformel begann mit folgenden Worten:

„Wir glauben, lehren und bekennen, dass die **einige Regel und Richtschnur**, nach welcher zugleich alle Lehren und Lehrer gerichtet und beurteilt werden sollen, sind allein **die prophetischen und apostolischen Schriften Altes und Neues Testaments**, wie geschrieben steht: ‚Dein Wort ist meines Fußes Leuchte und ein Licht auf meinem Wege', Psalm 119. Und S. Paulus: ‚Wenn ein Engel vom Himmel käme und predigte anders der soll verflucht sein', Galater 1. **Andere Schriften** aber der alten oder neuen Lehrer, wie sie Namen haben, **sollen der heiligen Schrift** nicht gleich gehalten, sondern alle zumal miteinander derselben **unterworfen und anders oder weiter nicht angenommen werden**, denn als Zeugen, welcher Gestalt nach

---

3   Vgl. Kolb, Robert: Die Konkordienformel. Eine Einführung in ihre Geschichte und Theologie (Oberurseler Hefte Ergänzungsbände. Band 8), Göttingen 2011, S. 146–173.

der Apostel Zeit und an welchen Orten solche Lehre der Propheten und Apostel erhalten worden."[4] (BESLK 1216, 9-19)

Damit wurde Luthers Schriftprinzip klar herausgestellt: Die Heilige Schrift – definiert als Schriften der Apostel und Propheten (deshalb ist die Verfasserfrage dieser Schriften so wichtig! Es ist eben nicht egal, ob das Johannesevangelium vom Apostel Johannes oder irgendeiner anonymen Gemeinde geschrieben wurde!) – ist die Regel und Richtschnur, also das entscheidende Kriterium für Leben und Lehre der Kirche. Alle anderen Schriften sind ihr untergeordnet. Das ist das Schriftprinzip – das ist damit gemeint, wenn auf Schrift und Bekenntnis verwiesen wird.[5]

Das Schriftprinzip hatte eine doppelte Stoßrichtung: zum einen gegen die Überzeugung in der Katholischen Kirche, dass die Tradition, also menschliche Satzungen wie das Wort des Papstes oder der Kurie die gleiche Autorität haben wie die Heilige Schrift und zum anderen gegen die Schwärmer, die behaupteten, dass der Geist auch ohne die Heilige Schrift direkt zu ihnen sprechen und ihnen Gottes Weisung für bestimmte Fragen offenbaren kann.[6]

Dieses Schriftprinzip wurde dann später, im 17. Jahrhundert, zu einer Lehre von der Heiligen Schrift weiterentwickelt. Johann Gerhard (1582–1637), der bedeutendste Theologe der lutherischen Orthodoxie entwickelte die Verbalinspirationslehre und lehrte, dass Gott die entscheidende Wirkursache der Heiligen Schrift ist: Durch göttliche Eingebung (Inspiration) wurde die Hand der Verfasser der Heiligen Schrift beim Schreiben geführt. Durch die Einhauchung Gottes geschah es, dass der Heilige Geist „ihnen das, was zu schreiben war, mitteilte (suggerebat) und ihrem Geiste (intellectui) gleichsam in die Feder diktierte."[7] Diese Überzeugung, dass Gott der Ursprung der heiligen Schrift ist, teilte auch – bei allem Gegensatz zur Orthodoxie – der Pietismus: Philipp Jacob Spener (1635–1705) ging sogar davon aus, dass die heiligen Buchstaben vom Himmel gefallen seien, dass der Heilige Geist aufgepasst hat, dass es keinen Irrtum gibt. Kurzum: Nicht nur die Sache allein sei inspiriert, sondern ein jedes einzelne Wort.[8] Auch Johann Albrecht Bengel (1687–1752) betonte, dass „nicht Menschenwille […] die Weissagung geführt [habe], sondern

---

4   Dingel, Irene u. a. (Hg.): Die Bekenntnisschriften der evangelisch-lutherischen Kirche. Vollständige Neuedition, Göttingen 2014, 1216, S. 9–19.

5   Vgl. dazu Rothen, Bernhard: Die Klarheit der Schrift. Teil 1: Martin Luther. Die wiederentdeckten Grundlagen, Göttingen 1990, S. 8–11; etwas ausführlicher: Breitschwerdt, Jörg: Theologisch konservativ. Studien zu Genese und Anliegen der evangelikalen Bewegung in Deutschland, Göttingen 2019, S. 37–50.

6   Vgl. Rothen, Bernhard: Klarheit, S. 10f.

7   Vgl. Hirsch, Emmanuel: Hilfsbuch der Dogmatik, Berlin 1964, S. 314f.

8   Vgl. Spener, Consilia Theologica Latina. Opus Posthumum, Cum Variis Litteris Responsoriis de argumentis sacris, et quae ad aedificationem spiritualem facere possunt, diversis temporibus conscripta; Nunc tandem Singulari studio & diligentia in ordinem collecta & edita. Pars Prima, Frankfurt am Main 1709, S. 46f.

Menschen sind bei dem Weissagen geführt worden: sie haben sich nicht activ (handelnd), sondern passiv (leidend) dabei verhalten."[9]

Man kann also festhalten: Luther, die Orthodoxie und der Pietismus hielten daran fest, dass die Heilige Schrift von Gott inspiriert ist, nicht nur der Sache nach, sondern im Wortlaut – dass also Heilige Schrift und Wort Gottes im Ganzen identisch sind. Es gibt kein Wort Gottes außerhalb der Heiligen Schrift und es gibt auch innerhalb der Heiligen Schrift nichts, was nicht Wort Gottes ist.

1.2 Die Krise des protestantischen Schriftprinzips

Dies wurde aber schon bald bestritten – in der Zeit der Aufklärung kam es zur Kritik am Schriftprinzip. Vor allem zwei Unterscheidungen bildeten sich in dieser Zeit heraus, die bis heute gültig sind und den Grundkonsens in der theologischen Forschung bilden: Die Unterscheidung von Wort Gottes und Heiliger Schrift und die Trennung von Geschichte und Glaube.[10]

1.2.1 Die Unterscheidung von Wort Gottes und Heiliger Schrift

Johann Salomo Semler (1725–1791), einer der Wegbereiter der historisch-kritischen Forschung, erklärte in seiner berühmten Kanonschrift: „Heilige Schrift und Wort Gottes ist gar sehr zu unterscheiden, weil wir den Unterschied kennen; hat man ihn vorher nicht eingesehen, so ist ja dies kein Verbot, das es uns durchaus untersagte. Zu der heiligen Schrift, wie dieser historische, relative terminus unter den Juden aufgekommen ist, gehört Ruth, Esther, Esra, Hoheslied etc., aber zum Wort Gottes, das alle Menschen in allen Zeiten weise macht zur Seligkeit, zum göttlichen Unterricht für die Menschen gehörten diese heilig genannten Bücher nicht alle."[11] Also das Wort Gottes ist in der Bibel zwar enthalten, aber nicht mit ihr identisch. Ruth, Esther, Esra, Hoheslied sind zwar Teil der Bibel, aber nicht Gottes Wort. Weiter sagte Semler: „Es ist mir unbegreiflich, wie es geschehen kann, daß nachdenkende Christen und sogar Lehrer, die nach ihrem Beruf helfen sollen, daß die heilsame Erkenntnis wachse, sogar heutzutage noch immer sich selbst hier verirren können und heilige Bücher oder Schriften der Juden und das hie und da, nicht durch und durch, darin enthaltene, mitgeteilte, eingekleidete Wort Gottes oder allgemeine moralische Belehrung an alle Menschen immer verwechseln."[12] Und noch deutlicher: „Wie lange will man aber unsere Christen täuschen mit solchen Larven, die Bibel sei ganz Gottes Wort! Schande und Sünde ist es für Lehrer,

---

9 Vgl. Bengel, Johann Albrecht: Gnomon - Auslegung des Neuen Testamentes in fortlaufenden Anmerkungen. Deutsch von C. F. Werner. Siebente Auflage. Band II. Briefe und Offenbarung. Teil 2, Stuttgart 1876, S. 548.

10 Vgl. zum Folgenden: Breitschwerdt, Jörg: Theologisch konservativ, S. 60–80.

11 Semler, Johann Salomo: Abhandlung von freier Untersuchung des Canon [Erster Theil]. herausgegeben von Heinz Scheible (TKTG 5), Gütersloh 1967, S. 60.

12 A. a. O., S. 84.

daß sie solches Stroh und Spreu noch herumtragen und Paulus und Christus ins Angesicht widersprechen."[13] Es ist nach Semler also eine Schande, eine Täuschung, eine Sünde für jeden Theologen, der das Wort Gottes mit der Bibel gleichsetzt. Aber was ist mit dieser Unterscheidung Semlers gewonnen? Mit der Unterscheidung zwischen dem offenbarten Wort Gottes und der von Menschen verfassten Heiligen Schrift konnte man alle anstößigen, dem modernen Menschen unbegreiflichen Bestandteile der Bibel als menschlich aus dem Wort Gottes ausscheiden. Man konnte dem aufgeklärten Menschen wieder eine Brücke zur Bibel bauen. Gleichzeitig steht aber seit dieser grundlegenden Unterscheidung, die heute weitgehend Konsens der universitären theologischen Wissenschaft ist,[14] die Frage nach dem Kanon im Kanon im Raum – das heißt: Welche Teile der Heiligen Schrift sind denn nun Wort Gottes und welche nicht? Und dazu: Wer entscheidet eigentlich darüber, welche Teile der Heiligen Schrift Wort Gottes sind und welche nicht? Ein Lehramt? Die theologische Wissenschaft? Bzw. muss man heute ja fragen: *Welche* theologische Wissenschaft? Demokratische Mehrheitsentscheide? Der Pfarrer vor Ort? Der Kirchengemeinderat? Oder entscheidet mein Gefühl, welches Wort Gottes für mich gilt? Alles schon dagewesen!

1.2.2   Die Trennung von Geschichte und Glaube

Die zweite grundlegende Unterscheidung, die in der Aufklärung zur Kritik am Schriftprinzip führte, war die Trennung von Geschichte und Glaube, die vor allem Gotthold Ephraim Lessing (1729–1781) vorbrachte.[15] Bisher ging man davon aus (zur Veranschaulichung das berühmte Cranach-Bild von Luther als Prediger),[16] dass unser christlicher Glaube auf konkreten Geschehnissen in Raum und Zeit beruhe, dem Heilsereignis – im 19. Jahrhundert nannte man dies „Heilsthatsachen". Das heißt: Es gab das Heilsereignis – Jesu Leiden und Sterben am Kreuz und seine Auferstehung, das unabhängig von uns („extra nos") schon geschehen ist. Dann die Verkündigung dieses Heilsereignisses in Wort und Sakrament, der sog. Heilszuspruch und dann das Anerkennen dieses Wortes Gottes im persönlichen Leben, also der Glaube, die sog. Heilsaneignung. Lessing durchbrach diesen Dreischritt an einer entscheidenden Stelle. Er bestritt die Basis, die Grundlage. Nicht geschichtliche Ereignisse, also die „Heilstathsachen" können die Grundlage unseres Glaubens sein, sondern nur reine Vernunftwahrheiten, also Überzeugungen, die wir nur durch

---

13 Semler, Johann Salomo: Versuch einer freiern theologischen Lehrart zur Bestätigung und Erläuterung seines lateinischen Buchs, Halle im Magdeburgischen 1777, XV.

14 Vgl. u. a. Schnelle, Udo: Einleitung in das Neue Testament (UTB 1830), 9. Auflage, Göttingen 2017, S. 18–20; Dalferth, Ingo U.: Wirkendes Wort. Bibel, Schrift und Evangelium im Leben der Kirche und im Denken der Theologie, Leipzig 2018, S. 382 f.; Härle, Wilfried: Ist die Bibel Gottes Wort? Vortrag auf der Worthaus-Homepage https://worthaus.org/worthausmedien/ist-die-bibel-gottes-wort-bibelauslegung-bibelkritik-und-bibelautoritaet-4-4-2/ (abgerufen am 26. Oktober 2020).

15 Vgl. Breitschwerdt, Jörg: Theologisch konservativ, S. 70–80.

16 Lucas Cranach d. Ä.: Martin Luther als Prediger (1547) https://upload.wikimedia.org/wikipedia/commons/2/2b/Luther-Predigt-LC-WB.jpg (abgerufen am 26. Oktober 2020).

Logik erfassen können.[17] Der Beweis dafür, dass es Gott gibt, wäre dann eben nicht, dass uns Gott selbst darüber in seinem Wort informiert hat bzw. dass Menschen über ihre Erfahrungen mit Gott berichtet haben, sondern der logische Schluss, dass es z. B. weil es auf der Erde das Gute gibt, auch ein höchstes Gutes geben muss – oder weil es intelligente Wesen auf der Erde gibt, es auch ein höchstes intelligentes Wesen geben muss. Man könnte auf den ersten Blick denken: Na und? Hauptsache man geht davon aus, dass es Gott gibt! Das Problem dabei war aber, dass dadurch der Glaube keine geschichtliche Grundlage mehr *brauchte*. Der Glaube wurde damit ein Produkt des eigenen Nachdenkens. Lessing stellte diese Grundlage nicht nur neben die Heilsereignisse, die geschichtliche Grundlage des Glaubens, sondern ersetzte sie. In einem berühmten Satz fasste er es zusammen:

„Zufällige Geschichtswahrheiten können der Beweis von nothwendigen Vernunftwahrheiten nie werden."[18]

Der Glaube zählte für ihn zu den Vernunftwahrheiten – und somit spielte für ihn und alle, die in seiner Nachfolge standen, seither das geschichtliche Heilsereignis, also Fragen wie: „Ist Jesus wirklich leiblich auferstanden? War er der Sohn einer Jungfrau? Konnte er übers Wasser laufen? Konnte er Menschen heilen?" keine Rolle mehr für den Glauben. Das ist ja das, was man bis heute in Diskussionen immer wieder merkt: „Du klammerst dich an menschliche Krücken, Du machst Deinen Glauben an historischen Dingen fest – was ist denn, wenn man rausfindet, dass das alles so nicht geschehen sein kann? Fällt dann alles zusammen?"

Solche Argumentationen laufen im Grunde immer unter den beiden Voraussetzungen der Aufklärung: Die Heilige Schrift ist nicht identisch mit dem Wort Gottes – und: Geschichtliche Begebenheiten bzw. die Heilstatsachen sind nicht die Grundlage des christlichen Glaubens.

Von daher spricht man in der theologischen Wissenschaft gemeinhin von der „Krise des Schriftprinzips" seit der Aufklärung.[19] Es gibt seither im Grunde zwei Richtungen, oder zwei unausgesprochene Konfessionen im Protestantismus (und mittlerweile auch im Katholizismus), die miteinander im Streit liegen. Die eine, traditionelle Richtung verteidigt das Schriftprinzip in seiner ursprünglichen, geschichtlich-konkreten Aussageabsicht und die andere, fortschrittlichere Richtung versucht, den Glauben mehr abstrakt als logische Vernunftwahrheit zu fassen

---

17 Vgl. Lauster, Jörg: Prinzip und Methode. Die Transformation des protestantischen Schriftprinzips durch die historische Kritik von Schleiermacher bis zur Gegenwart, Tübingen 2004, S. 25–27.

18 Lessing, Gotthold Ephraim: Über den Beweis des Geistes und der Kraft. In: Schilson, Arno (Hg.), Gotthold Ephraim Lessing. Werke 1774–1778 (Gotthold Ephraim Lessing. Werke und Briefe in zwölf Bänden. Band 8), Frankfurt am Main 1989, S. 312–350.

19 Vgl. Pannenberg, Wolfhart: Die Krise des Schriftprinzips. In: Ders., Grundfragen systematischer Theologie, Bd. 1, Göttingen 1962, 11–21; zur Sache ähnlich: Lauster, Jörg: Prinzip und Methode, S. 19–25.

und damit einer säkularisierten Gesellschaft annehmbarer zu machen. Wenn man Kant und v. a. Schleiermacher noch dazu nimmt, dann kommt u. a. noch eine weitere Glaubensgrundlage hinzu: Das religiöse Erlebnis – aber das würde jetzt zu weit führen. Gemeinsam ist allen: Etwas anderes als das Heilsereignis extra nos begründet unseren Glauben.

Das ist – grob gesprochen – der theologische Grundlagenkonflikt, in dem wir bis heute stehen. Es gibt hier natürlich nicht nur schwarz und weiß, sondern viele Grautöne. Doch die großen theologischen Auseinandersetzungen im 19. und 20. Jahrhundert bewegen sich in diesem Rahmen. Von daher ist es m. E. elementar wichtig, diese Grundlagenklärung nicht aus den Augen zu verlieren. Viele Stellvertreterkämpfe beruhen darauf, dass dieser Grundlagenkonflikt nicht geklärt ist.

2 Theologische Auseinandersetzungen im 19. und 20. Jahrhundert

Im Folgenden will ich in drei Beispielen einen Blick auf diese großen theologischen Auseinandersetzungen werfen. Eine der ersten großen Auseinandersetzungen des 19. Jahrhunderts war der Streit um das „Leben Jesu" von David Friedrich Strauß (1808–1874).[20] Strauß stand in den 1830er Jahren am Beginn einer akademischen Karriere. Als Stiftsrepetent in Tübingen veröffentlichte er ein Werk, das für Furore sorgte. In seinem „Leben Jesu. Kritisch bearbeitet" versuchte er in zwei Bänden das Leben Jesu von allen übernatürlichen Zügen zu befreien. Als Hegelschüler betrachtete er Gott als „Idee", die sich in der gesamten Menschheit als „Menschlichkeit" realisiere. Die Rede von der Fleischwerdung Gottes interpretierte er als Idee der Einheit von Gott und Mensch, von göttlicher und menschlicher Natur, die sich nicht nur in Jesus als Einzelexemplar, sondern in der gesamten Menschheit manifestieren könne bzw. sich immer wieder auch schon manifestiert habe. So schrieb er: „Wenn der Idee der Einheit von göttlicher und menschlicher Natur Realität zugeschrieben wird, heißt dieß soviel, daß sie einmal in einem Individuum, wie vorher und hernach nicht mehr, wirklich geworden sein müsse? Das ist ja gar nicht die Art, wie die Idee sich realisirt, in ein Exemplar ihre ganze Fülle auszuschütten, und gegen alle andern zu geizen, sondern in einer Manchfaltigkeit von Exemplaren, die sich gegenseitig ergänzen, im Wechsel sich setzender und wiederaufhebender Individuen, liebt sie ihren Reichthum auszubreiten. […] die Idee der Einheit von göttlicher und menschlicher Natur wäre nicht vielmehr in unendlich höherem Sinn eine reale, wenn ich die ganze Menschheit als ihre Verwirklichung begreife, als wenn ich einen einzelnen Menschen als solche aussondere?"[21] Die biblischen Geschichten seien in diesem Zusammenhang nur mythische Geschichten, die dem Menschen helfen sollen, zu dem Bewusstsein zu kommen, dass sich Gott, also „die Idee", in der Menschlichkeit verwirkliche. Entscheidend war demnach also nicht, ob sich eine biblische Geschichte auch wirklich so ereignet hat, sondern was mit dieser

---

20 Vgl. zum Folgenden: Breitschwerdt, Jörg: Theologisch konservativ, S. 104–131.
21 Strauß, David Friedrich: Das Leben. Kritisch bearbeitet. Zweiter Band, Tübingen 1836, S. 734.

Geschichte an überzeitlicher Wahrheit ausgesagt werden soll. Mit den Worten von David Friedrich Strauß: „Durch dieses Hinausgehen über die sinnliche Geschichte zur absoluten wird jene als das Wesentliche aufgehoben, zum Untergeordneten herabgesetzt, über welchem die geistige Wahrheit auf eigenem Boden steht, zum fernen Traumbild, das nur noch in der Vergangenheit, und nicht wie die Idee in dem sich schlechthin gegenwärtigen Geiste vorhanden ist."[22] Strauß wollte also den Glauben vom Festhalten an das Sinnlich-Historische, vom Festhalten an den Heilstatsachen, den geschichtlichen Heilsereignissen weg zum seines Erachtens Eigentlichen führen: zu einem überindividuell geistlichen und letztlich abstrakten unpersönlichen Vernunftglauben. Es ging also nicht mehr darum, ob Jesus das Wunder getan hat oder nicht, ob er wirklich auferstanden ist oder nicht, sondern darum, was diese *Geschichte* uns heute sagen will.

Ähnlich wie zuvor die alttestamentliche Wissenschaft begann Strauß, eine mythologische Betrachtungsweise auf das Neue Testament anzuwenden, indem er aus den biblischen Berichten das herausfiltern wollte, was seines Erachtens wirklich historisch ist, was darin wirklich geschehen ist. Das war der Beginn der modernen Leben-Jesu-Forschung, bis heute Bestandteil der neutestamentlichen Wissenschaft. Wie stellte sich Strauß die Entstehung der Evangelien und damit auch die Entstehung des Christentums vor? Er schrieb: „Man denke sich eine junge Gemeinde, welche ihren Stifter umso begeisterter verehrt, je unerwarteter und tragischer er aus seiner Laufbahn herausgerissen worden ist; eine Gemeinde, geschwängert mit einer Masse neuer Ideen, die eine Welt umschaffen sollten; eine Gemeinde von Orientalen, von größtentheils ungelehrten Menschen, welche also jene Ideen nicht in der abstrakten Form des Verstandes und Begriffs, sondern einzig in der concreten Weise der Phantasie, als Bilder und Geschichten sich anzueignen und auszudrücken im Stande waren: so muß man erkennen: es mußte unter diesen Umständen entstehen, was entstanden ist, eine Reihe heiliger Erzählungen, durch welche man die ganze Masse neuer, durch Jesum angeregter, so wie alter, auf ihn übertragener Ideen als einzelne Momente seines Lebens sich zur Anschauung brachte."[23] Er ging also davon aus, dass sich um den historischen Jesus viele Fantasiegeschichten gebildet hätten, weil die größtenteils ungelehrten Anhänger Jesu seine „Ideen nicht in der abstrakten Form des Verstandes und Begriffs, sondern einzig in der concreten Weise der Phantasie, als Bilder und Geschichten sich anzueignen und auszudrücken im Stande waren"[24]. Das hieße also Strauß zufolge: Jesus war ein Lehrer, er hatte eine Botschaft, aber seine ungebildeten Anhänger konnten diese abstrakte Botschaft nur so weitergeben, indem sie sie in konkrete ausgedachte Fantasiegeschichten umformten, so konnten sie seiner Ansicht nach z. B. nicht einfach nur abstrakt sagen, dass Jesus ein besonderer Mensch war, sondern mussten sich die Jungfrauengeburt ausdenken, um dies für alle Zeitgenossen einsichtig zu machen, obwohl

---

22 A. a. O., S. 737.
23 Strauß, David Friedrich: Das Leben. Kritisch bearbeitet. Erster Band, Tübingen 1835, S. 71 f.
24 Ebd.

Jesus nach Strauß einen menschlichen Vater und eine menschliche Mutter hatte wie jeder andere auch – die Rede von Jesus als Gottes Sohn war also für Strauß nur symbolisch zu verstehen, es war mythische Rede. Das gleiche galt dann auch für alles Übernatürliche, was von Jesus berichtet wurde.

Für den Pfarrer der Korntaler Brüdergemeinde Sixt Karl Kapff (1805–1879), der später als Prälat von Stuttgart eine der prägendsten Figuren des württembergischen Pietismus im 19. Jahrhundert wurde, war diese abstrakte Form des Christentums, die Strauß vorschwebte mehr als suspekt. Er nutzte das in den 1830er Jahren aufstrebende neue Medium der Presse und schrieb im Christenboten, der Zeitschrift des württembergischen Pietismus eine lange Artikelserie gegen die Thesen von Strauß. Darin entgegnete er Strauß: „Wie konnte eine Geschichte, die sie höchstens so glaubten, wie ein Lügner das, was er oft erzählt, zuletzt selbst glaubt, wie konnte sie zur Grundlage eines festen, unter allen Stürmen unerschütterlichen Glaubensgebäudes werden? […] Daß aber vollends diese, auf lauter erdichteten Thatsachen ruhende Lehre sich vor aller Prüfung, auch der Gelehrten und Gebildeten halten, und ungeachtet aller Bestreitung durch Feinde, die Alles aufsuchen, was irgend gegen sie vorzubringen war, doch siegreich sich behaupten, Jahrhunderte hindurch allen Stürmen Trotz bieten, ihren Anhängern Kraft zu den größten Entsagungen und Leiden geben, unter der Schmach und Verfolgung der Welt fortbestehen, und endlich Weltreligion werden soll, das ist rein unbegreiflich, wenn Strauß recht hat."[25] Für den Glauben zentral ist demnach das wirkliche Geschehen, das sich in der Zeit Jesu ereignet hat. Dabei unterschied Kapff den Glauben und den Glaubensinhalt – es kann nicht nur darum gehen, zu glauben – entscheidend ist, was man glaubt: „Dabey ist zu unterscheiden das Glauben und das Geglaubte. Nicht mein oder dein Glauben, auch nicht das nothwendig damit verbundene Thun macht selig, sondern das Geglaubte, das außer uns und vor uns geschehen und geoffenbart ist, das was in Bethlehem, in Galiläa, in Gethsemane, auf Golgatha durchlebt und erlebt worden ist und in unser Leben bloß übergeht durch den Glauben, das macht selig, so wie nicht mein Trinken meinen Durst löscht, sondern das, was ich trinke, und nicht mein Essen stillt mir den Hunger, sondern das, was ich esse."[26] Wie vielen seiner Gesinnungsgenossen war Kapff ein rein abstrakter Vernunftglauben zu wenig und zu spekulativ. Glaube beruht auf Heilstatsachen – das war der Grundkonsens, der gegen diejenigen betont wurde, die diese Grundlage aufzulösen versuchten.

---

25 Kapff, Sixt Carl [anonym]: Glaube und Unglaube. In: Burk, Johann Christian Friedrich (Hg.): Der Christenbote, Stuttgart 1836, Sp. 251–253.263–269.283–286.291–293.300–304; Burk, Johann Christian Friedrich (Hg.): Der Christenbote, Stuttgart 1837, Sp. 19–24.27–30.43–46.52–59.67–70.75–77.155–161.171–173.181–187.195–199.203–207.211–215.220–227, hier: 77.
26 A. a. O., Sp. 263.

Ein weiteres Beispiel der Auseinandersetzungen war der Apostolikumsstreit am Ende des 19. Jahrhunderts.[27] Der Leuzendorfer[28] Pfarrer Christoph Schrempf (1860–1944) weigerte sich im Juli 1891, das Apostolikum bei einem Taufgottesdienst zu sprechen, weil er nach dem wissenschaftlichen Studium der Theologie einige Aussagen des Apostolikums nicht mit seinem Gewissen vereinbaren konnte. Die Gemeinde merkte davon nichts – soviel zum Thema „mündige Gemeinde"! – so dass er sich selbst bei der Kirchenleitung anzeigte. Sein Verhalten führte – wie bei Strauß – letztlich zur Entfernung aus dem Pfarramt. Der Fall wurde aber deutschlandweit publik, weil einer der berühmtesten Theologen der damaligen Zeit, Adolf von Harnack (1851–1930), das Thema aufnahm und in der „Christlichen Welt", dem publizistischen Schlachtschiff der „liberalen Theologie" dazu einen Artikel verfasste. Darin schrieb er, dass „ein gereifter, an dem Verständnis des Evangeliums und an der Kirchengeschichte gebildeter Christ [...] an mehreren Sätzen des Apostolikums [Anstoß] nehmen müsse"[29]. Insbesondere die Jungfrauengeburt war für Harnack nicht mehr zu glauben. Es kam zu großen Auseinandersetzungen. Konservative Kreise hielten dagegen: Die Jungfrauengeburt sei das Fundament des Christentums, der Eckstein, an dem alle Weisheit dieser Welt zerschellen wird.[30] Der Streit schaukelte sich hoch: Die Liberalen bestanden darauf, dass man die Jungfrauengeburt nicht biologisch, sondern nur symbolisch verstehen könne, die Konservativen verwiesen auf den Wortlaut des apostolischen Glaubensbekenntnisses. Letztlich ging es für die Konservativen um die Frage der Gottheit Jesu Christi. Ist Jesus von Nazareth mehr als ein menschlicher Lehrer oder Religionsgründer? Ist er nicht nur wahrer Mensch, sondern auch wahrer Gott? Für die liberale Theologie ging es in diesem Streit – so Martin Rade (1857–1940), der Herausgeber der „Christlichen Welt" letztlich um die Frage nach der Berechtigung der liberalen Theologie in der Kirche – er fragte: Darf ein wissenschaftlich ausgebildeter Pfarrer, der in der Gemeinde das sagt, was er an der Universität gelernt hat, in der Kirche seinen Dienst tun?[31] Diese beiden Grundsatzfragen (Jesus wahrer Mensch und wahrer Gott sowie die Frage nach der Berechtigung der liberalen Theologie in der Kirche) wurden in diesen Auseinandersetzungen aber nicht beantwortet. Sie schwelten seither im Hintergrund vieler Auseinandersetzungen weiter. Schrempf wurde zwar aus dem Dienst entfernt, aber viele Pfarrer und Theologen dachten ähnlich wie er. Sie blieben im

---

27 Vgl. zum Folgenden: Breitschwerdt, Jörg: Theologisch konservativ, S. 153–347; Zu Schrempf: A. a. O., S. 153–161; Rössler, Andreas: Christoph Schrempf (1860–1944). Württembergischer Theologe, Kirchenrebell und Religionsphilosoph. Ein Leben in unerbittlicher Wahrhaftigkeit (Kleine Schriften des Vereins für württembergische Kirchengeschichte, Nr. 7), Stuttgart 2010.

28 Leuzendorf (bei Rothenburg ob der Tauber), heute: Stadtteil von Schrozberg (Kreis Schwäbisch Hall).

29 Vgl. Harnack, Adolf: In Sachen des Apostolikums, in: Rade, Martin (Hg.): Die christliche Welt. Evangelisch-Lutherisches Gemeindeblatt für Gebildete aller Stände. 6. Jg. (1892), Nr. 34 vom 18. August 1892, Sp. 768–770, 769.

30 Vgl. Verlautbarung des Vorstands der preußischen Evangelisch-Lutherischen Konferenz am 20. September 1892, in: Neue Preußische Zeitung. Morgenausgabe, Nr. 441 vom 21. September 1892.

31 Vgl. Rade, Martin: Die Amtsentsetzung des Pfarrers Schrempf, in: Rade, Martin (Hg.): Die christliche Welt. Evangelisch-Lutherisches Gemeindeblatt für Gebildete aller Stände. Sechster Jahrgang (1892), Nr. 34 vom 18. August 1892, Leipzig 1892, Sp. 759–768, 765.

Dienst und lebten in einem gewissen intellektuellen Zwiespalt. Sie sprachen aus traditionellen Gründen das Apostolikum mit, deuteten die Aussagen für sich jedoch symbolhaft. [32] An den Universitäten hatte der Streit kaum Auswirkungen – der Mainstream der Theologie lief zu Beginn des 20. Jahrhunderts überwiegend in die liberale Richtung. [33] An einigen Fakultäten wurden zwar unter Einfluss der Kirchenleitungen explizit theologisch konservative Professoren berufen, dies hatte aber keine nachhaltige Wirkung. [34] Der württembergische Pietismus konnte in diesem Zusammenhang durch eine Petition erreichen, dass in Tübingen ein neuer Lehrstuhl errichtet wurde und mit Adolf Schlatter (1852–1938) von einem konservativen Theologen besetzt wurde, der daraufhin auch eine große Wirksamkeit entfaltete. [35] Seither war insbesondere Tübingen dafür bekannt, dass beide Positionen an der Fakultät ihr Recht bekamen. Professoren wie Karl Heim (1874–1958), Otto Michel (1903–1993), Martin Hengel (1926–2009), Peter Stuhlmacher (*1932) und zuletzt noch Hans-Joachim Eckstein (*1950) standen für diese eher konservativere Ausrichtung. Gleichzeitig merkte man in theologisch konservativen Kreisen, dass man neben der universitären Ausbildung alternative Strukturen entwickeln musste. In vielen Teilen Deutschlands kam es zur Gründung von Studienhäusern, Vereinen und Kirchenparteien. Im Rheinland und in Westfalen wurde ein Verein (die „rheinisch-westfälischen Freunde des kirchlichen Bekenntnisses") gegründet, der das kirchliche Bekenntnis gegen die Angriffe von Seiten der liberalen Theologie verteidigen wollte. [36] Sie gründeten in Bonn ein Studienhaus, das einen Studienleiter einstellte, um Theologiestudenten neben dem Studium an der Fakultät geistlich und theologisch zu begleiten. [37] Mitglieder dieses Vereins waren u. a. Dr. Wilhelm Busch (1868–1921), Vater des bekannten Evangelisten, Walter Michaelis (1866–1953), späterer Gnadauer Präses und sein Vorgänger Theodor Haarbeck (1846–1923), der bekannte Evangelist Elias Schrenk (1831–1913), Ernst Modersohn (1870–1948), Wilhelm Weigle (1862–1932), der Gründer des später nach ihm benannten Essener Weigle-Hauses und Theodor Schmalenbach (1831–1901), der Kopf der Minden-Ravensberger Erweckungsbewegung. Binnen kürzester Zeit hatte dieser Verein über 10.000 Mitglieder. Friedrich von Bodelschwingh (1831–1910), auch Mitglied in diesem Verein gründete 1905 die Theologische Schule Bethel als eigenständige Ausbildungsstätte für Pfarrer im Gegenüber zu den liberalen Fakultäten. Christian Friedrich Römer (1854–1920), späterer Prälat von Stuttgart gründete 1895 die

---

32 Vgl. Breitschwerdt, Jörg: Theologisch konservativ, S. 159.
33 Vgl. zur Entwicklung der Theologie seit 1870: Lessing, Eckhard: Geschichte der deutschsprachigen evangelischen Theologie von Albrecht Ritschl bis zur Gegenwart. Band 1, Göttingen 2000.
34 Zur Situation in Preußen vgl. Kasparick, Hanna: Lehrgesetz oder Glaubenszeugnis? Der Kampf um das Apostolikum und seine Auswirkungen auf die Revision der Preußischen Agende (1892–1895) (Unio und Confessio. Band 19), Bielefeld 1996.
35 Vgl. Breitschwerdt, Jörg: Theologisch konservativ, S. 253–262.
36 Vgl. zu diesem Verein und dem Folgenden: A. a. O., S. 290–311.
37 Vgl. Garbe, Irmfried: Die Entstehung des Theologischen Studienhauses Greifswald. Zugleich ein Kapitel zur Genese der Kirchlichen Hochschulen, in: Dies. [u. a.] (Hg.), Greifswalder theologische Profile. Bausteine zur Geschichte der Theologie an der Universität Greifswald (= Greifswalder theologische Forschungen. Band 12), Frankfurt am Main 2006.

Evangelisch-Kirchliche Vereinigung, die spätere Gruppe 1 im Landeskirchentag und damit Vorläufer der Lebendigen Gemeinde.[38] Ziel all dieser Aktivitäten war es, am christlichen Glauben nach dem Wortlaut des Apostolikums festzuhalten und einer Theologie entgegenzutreten, die Kritik am Wortlaut des Apostolikums übt.

Nach dem ersten Weltkrieg änderte sich die Theologie. Karl Barth (1886–1968) sprach wieder von Offenbarung. Die liberale Theologie schien am Ende. Aber die Fragen des 19. Jahrhunderts wurden nicht mehr diskutiert. Man sprach nur noch vom Wort Gottes und deckte die gewichtigen Fragen nach der historischen Glaubwürdigkeit der biblischen Berichte zu.[39] Nach dem zweiten Weltkrieg kamen diese Fragen durch einen Theologen mit voller Wucht wieder an die Oberfläche: Rudolf Bultmann (1884–1976). In seinem Vortrag „Neues Testament und Mythologie" eliminierte er jegliche geschichtliche Glaubensbasis.[40] „Erledigt!" – das war sein Schlagwort. „Erledigt ist die Rede von der Jungfrauengeburt, erledigt sind die Wundergeschichten des Neuen Testaments. Erledigt ist die Himmelfahrt Jesu, erledigt seine Wiederkunft zum Gericht."[41] Die berühmten Spitzensätze seines Vortrags lauteten: „Man kann nicht elektrisches Licht und Radioapparat benutzen, in Krankheitsfällen moderne medizinische und klinische Mittel in Anspruch nehmen und gleichzeitig an die Geister- und Wunderwelt des Neuen Testaments glauben. Und wer meint, es für seine Person tun zu können, muß sich klar machen, daß er, wenn er das für die Haltung christlichen Glaubens erklärt, damit die christliche Verkündigung in der Gegenwart unverständlich und unmöglich macht."[42] Diese Sätze schlugen ein. Ganze Generationen von Theologen wurden von Bultmann geprägt.[43] Sein Ansatz war – grob verkürzt – folgender: Alle biblische Rede ist mythologische Rede. Weil wir heute aber kein mythologisches Weltbild mehr haben, sondern naturwissenschaftlich gebildet sind, müssen wir die mythologische Rede der Bibel für den Menschen von heute *übersetzen*. Das geht nicht, indem man das, was in der Bibel steht, als Berichte von wirklich geschehenen Ereignissen ansieht. Es sind symbolhafte Erzählungen, die in uns Menschen etwas anrühren, etwas bewegen wollen. Sie wollen Glauben wecken. Darum geht es! Nicht um das Geschehen an sich, sondern das, was durch diese Geschichten in uns geweckt wird: Der Glaube, dass wir nicht durch unser eigenes Tun selig werden, sondern durch das Vertrauen auf Gott. Soweit der Ansatz Bultmanns. Vielleicht merken sie es: Diese Aussagen sind zwie-

---

38 Vgl. zur Evangelisch-Kirchlichen Vereinigung: Breitschwerdt, Jörg: Theologisch konservativ, S. 2 32–248.

39 Vgl. Hammann, Konrad: Rudolf Bultmann. Eine Biographie, Tübingen 2009, S. 309; Breitschwerdt, Jörg: Theologisch konservativ, S. 355f.

40 Vgl. Bultmann, Rudolf: Neues Testament und Mythologie, in: Bultmann, Rudolf (Hg.), Offenbarung und Heilsgeschehen (Beiträge zur Evangelischen Theologie. Theologische Abhandlungen. Band 7), München 1941, S. 27–69.

41 A. a. O., S. 30f.

42 A. a. O., S. 31.

43 Frey, Hellmuth: Die Geschichte der Bekenntnisbewegung „Kein anderes Evangelium" (Galater 1,6). Vortrag gehalten am 14. Juli 1966 durch Professor Hellmuth Frey auf der Pfarrerkonferenz in Bethel, ohne Ort 1966, S. 5.

spältig. Sie sind richtig und falsch, sie sind bibelkritisch und fromm. Das war das faszinierende und gleichzeitig vernebelnde an Bultmann. Die Fronten waren nicht mehr klar. Bultmann sprach von Auferstehung, Himmelfahrt, Bekehrung, Glaube, meinte damit aber etwas anderes als die fromme Gemeinde. Wie schon bei Lessing war für Bultmann nicht Jesu Leben, sein Sterben und Auferstehen der geschichtliche Grund unseres Glaubens – nicht das, was vor 2000 Jahren geschah, war für ihn das Heilsereignis, das wir glauben sollen, sondern der Glaube an sich war für ihn Heilsereignis – unabhängig davon, ob das, was in der Bibel steht, nun wirklich geschehen ist oder nicht. Entscheidend war für ihn die Botschaft Jesu, seine Rede von der Nächstenliebe, vom Reich Gottes, vom Glauben.

Als diese Theologie mehr und mehr in die Gemeinden kam, durch Theologiestudenten in der Jugendarbeit für große Diskussionen sorgte, kam es seit den 1950er Jahren zu immer mehr Protesten. Zunächst gab es noch einige Bischöfe, wie den württembergischen Landesbischof Martin Haug (1895–1983) oder die bayerischen Bischöfe Hans Meiser (1881–1956) und Hermann Dietzfelbinger (1908–1984), die sich gegen Bultmanns Theologie kritisch zu Wort meldeten. Aber immer mehr zögerten die Kirchenleitungen. Daraufhin bildeten sich wieder Initiativen aus dem theologisch-konservativen kirchlichen Umfeld, insbesondere auch als der Kirchentag, eine eigentlich erweckliche Initiative, immer mehr von der Theologie Bultmanns und seiner Schüler geprägt wurde.[44] In Bethel entstand die Bekenntnisbewegung, die 1966 mit einer aufsehenerregenden Kundgebung in Dortmund über 20.000 Menschen versammelte, um gegen die Entwicklungen der modernen Theologie zu protestieren.[45] In Württemberg bildete sich die Ludwig-Hofacker-Vereinigung und die Evangelische Sammlung, die seit 1966 auch in der Synode als Kirchenpartei Lebendige Gemeinde zusammenarbeiteten.[46] 1969 kam es auf dem Stuttgarter Kirchentag zu einem großen Streitgespräch: an drei Tagen traten Theologen der bekennenden Kreise gegen Theologen an, die auf der Linie Bultmanns lagen. Jungfrauengeburt, leibliche Auferstehung Jesu und seine Wiederkunft zum Gericht – das waren die Streitthemen.[47] Die Kirchenleitungen hatten immer mehr das Interesse, die beiden Richtungen unter dem Dach der Kirche zu vereinen – auf die Einwürfe von Bekenntnisbewegung und Kirchlichen Sammlungen, die darauf drangen, Theologen und Pfarrer Bultmannscher Prägung als Irrlehrer zu benennen, zurechtzuweisen oder zu entfernen, reagierten die Kirchenleitungen zunehmend allergischer.[48] Über die Frage, was schriftgemäß und bekenntnistreu sei, gingen

---

44 Vgl. Breitschwerdt, Jörg: Die Geschichte des Albrecht-Bengel-Hauses. Band 1. Die Gründung im Kontext der theologischen und gesellschaftlichen Umbrüche Mitte der 1960er Jahre, Bielefeld 2019, S. 45–49.

45 Vgl. Bauer, Gisa: Evangelikale Bewegung und evangelische Kirche in der Bundesrepublik Deutschland. Geschichte eines Grundsatzkonflikts (1945–1989) (AKiZ B 53), Göttingen 2012, S. 437–481; Breitschwerdt, Jörg: Theologisch konservativ, S. 593–617.

46 Vgl. Oehlmann, Karin: Glaube und Gegenwart. Die Entwicklung der kirchenpolitischen Netzwerke in Württemberg um 1968 (AKiZ B 62), Göttingen 2016, S. 82–110.

47 Vgl. a. a. O., S. 325–332.

48 Vgl. Bauer, Gisa: Evangelikale Bewegung, S. 490–504.

die Meinungen immer mehr auseinander. So kam es, dass sich in den 1970er Jahren immer mehr evangelikale Parallelstrukturen bildeten. Aus Enttäuschung über den politischen Weg von Brot für die Welt kam es zur Gründung von Hilfe für Brüder, als Gegenpol zum epd wurde die Nachrichtenagentur idea gegründet. Nach der Verschmelzung des Internationalen Missionsrates mit dem Ökumenischen Rat der Kirchen wurde die Arbeitsgemeinschaft evangelikaler Missionen gegründet. Aus Enttäuschung über den Weg des Kirchentages entstand der Gemeindetag unter dem Wort – der heutige Christustag. [49] Im Bereich der Ausbildung kam es – wie im 19. Jahrhundert zur Gründung von Studienhäusern (Krelingen, Bengelhaus in Tübingen, Friedrich-Hauß-Studienzentrum in Heidelberg, Bodelschwingh-Haus in Marburg, Spener-Haus in Mainz) und auch von alternativen Ausbildungsstätten wie in Basel (FETA, heute STH) und Gießen (FTA, heute FTH). [50] Das ist der theologische Zusammenhang, in dem die evangelikale Bewegung steht.

3   Fazit: Warum protestier(t)en bibeltreue Christen?

Zum Schluss nun die Eingangsfrage: Warum protestieren bibeltreue Christen immer wieder? Der Blick in die Geschichte zeigt: Bibeltreue Christen protestierten immer dann, wenn die Autorität der Heiligen Schrift in ihrer Gesamtheit und damit die geschichtliche Basis unseres Glaubens angezweifelt oder angegriffen wurde. Wenn Aussagen der Bibel als zeitbedingt abgetan wurden, wenn Heilsereignisse als für unseren Glauben nicht relevant oder nur symbolhaft beiseitegeschoben wurden. Seit der Aufklärung ist das protestantische Schriftprinzip in der Krise. Bibeltreue Christen verwiesen immer auf den Wortlaut der Heiligen Schrift als Regel und Richtschnur für Lehre und Leben der Kirche. Wenn sie das in Gefahr sahen, wurden sie aktiv. Dann wurden aus den „Stillen im Lande" Aktivisten. Der ständige Protest der „Stillen im Lande" durch die Jahrhunderte hindurch wurde aber nie wirklich in der Tiefe diskutiert – die eigentliche Frage nach der Bedeutung der geschichtlichen Grundlage unseres Glaubens, der Wichtigkeit der Heilsereignisse als „extra nos", als objektive Grundlagen unseres Glaubens wurde nie geklärt. Sie schwelt bis heute im Hintergrund der vielen kirchlichen Konflikte.

Die Frage, warum bibeltreue Christen immer wieder protestierten ist auch für eine andere Frage brandaktuell: Was hält die Evangelikalen eigentlich zusammen? Was ist Bibeltreue? Was unterscheidet Evangelikale von anderen evangelischen Christen? Der Lobpreisblock? Das Elternhaus? Die Ernsthaftigkeit oder Verbindlichkeit im Glauben? Die Frömmigkeit – oder wie Bultmann es ausdrücken würde: „Das Glauben"? Was macht die Evangelikalen aus? Auch das wurde noch nicht befriedigend beantwortet – das merken wir in unseren Tagen. Ich denke, das Festhalten am Wortlaut der Heiligen Schrift, das Festhalten an den geschichtlichen Grundlagen

---

49 Vgl. a. a. O., S. 603–637.644–647.
50 Vgl. zur Gründung des Albrecht-Bengel-Hauses sowie den zeitgeschichtlichen Kontext der Gründung von Studienhäusern: Breitschwerdt, Jörg: Geschichte.

des christlichen Glaubens, den Heilsereignissen, wäre eine gute Grundlage. Damit stünde man zumindest in der Spur der lutherischen, pietistischen und erwecklichen Väter.

Noch eine persönliche Bemerkung zum Schluss. Warum protestierten und protestieren bibeltreue Christen immer wieder? Wenn man in die Quellen sieht und auch in viele Gesichter heute, dann ist das nicht Rechthaberei, Richtgeist oder Profilierungssucht, sondern eine treue Liebe zur Kirche. Ja – das dürfen wir bei aller Kritik nie aus den Augen verlieren. Wer gegenüber der Kirche kalt ist, kehrt ihr den Rücken. Wer die Kirche liebt, der kämpft für sie, der engagiert sich, wenn er von der Schrift her zu der Überzeugung kommt, dass eine Kurskorrektur nötig ist. Der frühere bayerische Landesbischof Hans Meiser, brachte genau das in einem Vortrag aus dem Jahr 1926 zum Ausdruck, indem er schrieb: „Viele haben in unserer Zeit die Kirche verlassen und gesonderte Gemeinschaften gegründet, zum Teil mit der Überzeugung, daß sie Gott mehr dienen könnten. Aber sind sie nützlicher und heiliger geworden, als sie zuvor waren? Ich frage, wenn jemand der Überzeugung ist, daß das Schiff der Kirche leck geworden ist, ist es dann recht und christlich, das Ruderboot zu besteigen, nur um sich in Sicherheit zu bringen, statt auszuharren und Hand mit anzulegen, daß das ganze Schiff gerettet und alle Mitfahrenden glücklich ans Land gebracht werden? Und wenn ich oft so harte Urteile über die Kirche höre, als sei die Kirche völlig zum Gericht reif und zu nichts mehr gut, als unterzugehen, so kommt mir immer der Gedanke: Sollten sich unter Hunderttausenden von Gliedern unserer evangelischen Kirche nicht wenigstens noch 10 Gerechte finden? Gott hätte sich um 10 Gerechter willen sogar über Sodom und Gomorrha erbarmt!"[51]

Sein Aufsatz trug den Titel: „Warum liebe ich meine Kirche?" Für viele von uns ist die Kirche oder ein ihr angeschlossenes Werk oder zumindest ein Werk, das auch unter ihrem Dach das Evangelium verkündigen konnte, der Rahmen, in dem wir zum Glauben gekommen sind. Meiser spricht von der Kirche als seiner geistlichen Mutter. Bei aller Kritik dürfen wir nicht vergessen, was wir Menschen, die *im Rahmen der Kirche* gedient haben, geistlich zu verdanken haben. In diesem Sinne ist die Kritik an der Kirche immer eine Kritik an einer Kirche, der wir viel zu verdanken haben, eine Kritik an einer Kirche, an der uns etwas liegt. Warum protestierten und protestieren bibeltreue Christen? Weil ihnen an ihrer Kirche etwas liegt.

Dr. Jörg Breitschwerdt ist evangelischer Pfarrer in Hülben auf der Schwäbischen Alb. Seine Doktorarbeit über das Thema „Theologisch konservativ – Studien zu Genese und Anliegen der evangelikalen Bewegung in Deutschland" wurde 2019 im Verlag Vandenhoeck & Ruprecht Göttingen veröffentlicht. In ihr wird ausführlich das

---

51 Meiser, Hans: Warum liebe ich meine Kirche. Vortrag St. Aegidienkirche Nürnberg 1926. In: Fritz und Gertrude Meiser (Hg.): Hans Meiser. Kirche, Kampf und Christusglaube. Anfechtungen und Antworten eines Lutheraners, München 1982, S. 21–34, 28.

historische Material dargestellt, auf das sich der hier veröffentlichte Vortrag bezieht. Der Vortrag wurde beim Regionaltreffen des Netzwerks Bibel und Bekenntnis, Arbeitskreis Württemberg, am 26.09.2020 in Stuttgart gehalten. Er ist zu sehen und zu hören unter

☐ https://www.bibelundbekenntnis.de/videos/theologisch-konservativ/

oder

☐ https://www.youtube.com/watch?v=6BeTkoiTRGs

Rolf Hille:
Impuls für bekennende Gemeinschaften

1   Auf der Suche nach der richtigen Spur

Viele Christen sind verwirrt durch widersprüchliche und unbiblische Spuren, die nicht nur in der Gesellschaft, sondern auch in der Theologie und Kirche gelegt werden. Man hat den Eindruck, dass die Gleise, die befahren werden, zwar zunächst parallel zu verlaufen scheinen, dann aber doch in völlig verschiedene Richtungen gehen.

In einer Situation der Desorientierung sehen die bekennenden Gemeinschaften ihren Auftrag darin, von der Bibel und den Bekenntnissen her die Spur der verlässlichen Wahrheit des Glaubens aufzuzeigen.

2   In der Spur des Zeitgeistes

Viele fragen besorgt, wie es zu einer solchen Irritation in Theologie und Kirche kommen konnte, dass man im Stimmengewirr menschlicher Meinungen die maßgebende Stimme des guten Hirten nur noch schwer heraushören kann.

Die Ursprünge reichen bis weit ins 18. Jahrhundert zurück. Damals wurde das sogenannte „Projekt Moderne" angestoßen. Der Vorwurf war, die Bibel und der christliche Glaube könnten nicht länger als Grundlage der Wahrheit dienen, da ganz unterschiedliche religiöse, philosophische und ideologische Weltanschauungen miteinander konkurrieren. Nur die menschliche Vernunft, so glaubte man, sei universal und könne zu verlässlichen und wissenschaftlich begründeten Überzeugungen führen.

Diese denkerischen Voraussetzungen der europäischen Aufklärung wurden befremdlicherweise sehr rasch auch von evangelischen Theologen und den protestantischen Kirchen übernommen. Damit wurde die Historizität der biblischen Heilsgeschichte bestritten. Die These lautete: Wunder gibt es für Rationalisten nicht und die Jungfrauengeburt, die leibhaftige Auferstehung und die Himmelfahrt Jesu wurden als Legenden abgetan. Die Hoffnung auf eine Wiederkunft verschwand hinter dem Horizont. Die Lehre auf den Kathedern der Universitäten und die Verkündigung auf den Kanzeln bewegte sich zunehmend „neben der Spur" der Schrift. Übrig blieb ein rein symbolisches und existenzialistisches Verständnis des Glaubens.

Im 20. Jahrhundert löste dann die Postmoderne die Moderne ab. Auch die Vernunft liefert von nun an keine soliden und universalen Wahrheiten mehr. Es gibt nur noch subjektive Meinungen von einzelnen Gruppen oder Individuen. Du hast deine Wahrheit und ich meine. Wir wollen uns nicht darüber streiten, wer Recht hat, sondern wir tolerieren und respektieren einander. Das genügt. Die Theologie löst sich in Spiritualität und mystische Erlebnisse hinein auf. Es reicht, wenn die Religiosität dem Menschen guttut. Egal, ob sie aus christlichen, islamischen oder buddhistischen Wurzeln stammt.

3   Bleibt die evangelikale Bewegung in der Spur Jesu?

Mitte des 20. Jahrhunderts war das Leiden vieler engagierter Christen an den Irrlehren, wie sie zum Beispiel der Marburger Theologieprofessor Rudolf Bultmann mit seinem Programm der Entmythologisierung vertrat, groß. Über 20.000 Besucher kamen 1966 in die Westfalenhalle nach Dortmund, um die Bekenntnisbewegung „Kein anderes Evangelium" zu gründen. Angesichts der Auflösung der Lehre bildete sich in Deutschland die evangelikale Bewegung heraus. Der freikirchliche Theologe Fritz Laubach sprach vom „Aufbruch der Evangelikalen". Tatsächlich formierten sich bibeltreue Christen zu alternativen Institutionen in allen wichtigen Arbeitsbereichen der Kirche: in der Publizistik, in der Mission und Evangelisation, in der theologischen Ausbildung usw.

Doch mit dem 21. Jahrhundert gaben sich viele mit Spurenelementen der christlichen Wahrheit zufrieden. Die Substanz des Glaubens verlor sich in Beliebigkeiten. Ein Vorgang, den man mit dem Stichwort „Salami-Taktik" umschreiben konnte. Vom ursprünglichen Gehalt der Wahrheit wurden mehr oder weniger dicke Scheiben abgeschnitten. Man fragte dann, wenn sich Kritik erhob, ob man wegen solcher – für sich betrachtet – nebensächlichen Inhalte die Einheit der Kirche aufgeben wolle. Ein handfestes Beispiel für diesen Vorgang ist die Diskussion um die Segnung bzw. die Trauung gleichgeschlechtlicher Paare. Es geht, so wird argumentiert, doch nur um eine sexualethische Frage. Zudem beruft man sich auf scheinbar wissenschaftliche Ergebnisse der historischen und soziologischen Bibelkritik. Damit wird dann der eindeutige Wortlaut der Bibel fragwürdig. Konservative dürfen für sich an dem festhalten, was geschrieben steht, aber man kann die Schrift auch ganz anders lesen. Und dann erscheinen Amtshandlungen, die im Widerspruch zum Wort Gottes stehen, als legitim.

Das Erschreckende an der neuen Entwicklung ist, dass sich auch in der evangelikalen Bewegung diese Meinungen durchsetzen. Mit der Annäherung des Pietismus an die Evangelische Kirche in Deutschland und mit der Akzeptanz liberaler Theologien, lösen sich die in den 70er Jahren gewonnenen Klarheiten auf. Auch eine Reihe der institutionellen Parallelstrukturen bewegen sich mittlerweile auf den Spuren des Modernismus. Das kennzeichnet die eigentliche Krise des Bekenntniskampfes, mit der wir heute konfrontiert sind. Die klassische Spurweite des von Jesus vorgegebenen schmalen Weges wird zu einem Holzweg ausgeweitet. Holzwege verlocken manche Wanderer, denen der vorgegebene Pfad zu eng erscheint. Es handelt sich dabei um Schneisen, die mit großen Raupenschleppern angelegt sind, um das Holz aus dem Forst abzutransportieren. Sie enden irgendwo im Nirgendwo. Will man weiterkommen, so muss man umkehren und zu der richtigen Spur zurückkehren.

Hier genügen kleine Korrekturen nicht. Es ist so, als ob jemand, der nach Hamburg fahren möchte, versehentlich in den ICE nach München steigt. Dann reicht es nicht aus, durch die Abteile zum Ende des Zuges zu gehen. Denn auch der letzte Wagen kommt am Ende in München und nicht in Hamburg an. Der Reisende ist auf der falschen Spur und muss bei der nächsten Station die Bahn in Gegenrichtung nehmen.

Theologisch bedeutet eine solche Kehrtwende das Ende aller etablierten Bibelkritik und das Ja zur Inspiration der Heiligen Schrift als der einzig autorisierten Offenbarung Gottes. Der Inhalt der Bibel ist zusammengefasst in den Bekenntnissen der frühen Kirche und den Bekenntnissen der Reformation. Je nach den Herausforderungen der Gegenwart muss die Gemeinde Jesu Christi auf aktuelle Fragen durch neue Bekenntnisse und Stellungnahmen eingehen, wie dies bis heute geschieht. Dabei hat sich immer wieder erwiesen, dass die positive Bejahung der Glaubensinhalte allein nicht ausreicht. Es muss gleichzeitig gesagt werden, welche Lehren seitens bekennender Christen um der Wahrheit willen abzulehnen sind. Sowohl bei den alttestamentlichen Propheten wie auch bei Jesus und seinen Aposteln – und dann durch die gesamte Kirchengeschichte hindurch – ging es immer um das Ja und das Nein der Bekenntnisse.

Nachdem in den vergangenen Jahrzehnten dogmatische Lehrfragen im Zentrum der Auseinandersetzungen standen, geht es heute vermehrt um ethische Fragen, wie z. B. den Lebensschutz ungeborener Kinder und um die Thematik Sterbehilfe. Es geht um eine biblisch orientierte Sexualethik und das Verständnis von Ehe und Familie. Hinzu kommen umfassende soziale und politische Herausforderungen: Armut, Ausbeutung, Vertreibungen, das Problem des Klimawandels sowie die Einhaltung der Menschenrechte – nicht zuletzt die Verfolgung von Christen. Im umfassenden Sinne stehen grundlegende Werte der politischen Ethik zur Diskussion.

Vor allem geht es beim Bekennen angesichts des „schmalen Weges", auf den wir in der Nachfolge von Jesu gerufen sind, um das persönliche Sündenbekenntnis. Alle, die bibeltreu lehren und verkündigen möchten, sind zur Demut gerufen.

4   Wir brauchen Spurhalteassistenten

Einige elektronisch gut ausgerüstete Autos haben heute einen eingebauten Spurhalteassistenten. Dieser hilft, den Wagen in der vorgegebenen Spur zu halten und soll verhüten, dass man auf die Gegenfahrbahn gerät.

Die vielfältigen regionalen, konfessionellen und aktuell bekennenden Gruppen und Gemeinschaften brauchen wechselseitig Assistenz, um auf dem rechten Weg zu bleiben. Diese kann durch punktuelle Aktionen vor Ort und durch kontinuierliche gegenseitige Information geschehen. Regelmäßige Studientage und Treffen der verantwortlichen Gremien sind ebenso nötig wie überregionale Glaubens- und Bekenntnistage für die breite Öffentlichkeit. Der Austausch von geeigneten Publikationen und die Veröffentlichung von bibel- und bekenntnisorientierten Texten ist ein starkes Zeichen der Einheit.

5   „Spuren im Sand" – ein seelsorgerlicher Zuspruch

Das weit verbreitete Gedicht „Spuren im Sand" unterstreicht die Treue, mit der Jesus Christus seine Nachfolger durch das ganze Leben begleitet und umsorgt. Ein Christ, der sein Leben im Rückblick betrachtet, mag zunächst den Eindruck haben, dass er speziell auf den schwierigen Wegstrecken alleine durch das Leben gehen musste. Doch der Herr zeigt ihm, dass er ihn gerade in diesen Situationen der Anfechtung auf den Armen getragen hat. Deshalb ist auf diesen Streckenabschnitten nur eine, statt der zwei Spuren im Sand zu sehen.

Wer auf der Spur von Jesus bleibt, hat besonders in Zeiten äußerer und innerer Krisen das Versprechen des Herrn, dass er ihn/sie liebevoll trägt. Der Bekenntniskampf ist kein Grund zur Resignation, sondern die bekennenden Gruppen dürfen ihren Weg ungeachtet des Ernstes der Lage in Zuversicht und Glaubensheiterkeit gehen. Jesus lebt und ist bei den Seinen.

Prof. Dr. Rolf Hille lebt in Heilbronn, ist evangelischer Pfarrer, war viele Jahre Rektor des Albrecht-Bengel-Hauses in Tübingen. Er war auch einige Jahre Vorsitzender der Deutschen Evangelischen Allianz und leitete die Theologische Kommission der Weltweiten Evangelischen Allianz. Er ist Mitglied in der Fortsetzungsgruppe des Netzwerks Bibel und Bekenntnis, in dessen Auftrag er den hier abgedruckten Impuls formuliert hat.

Im Netzwerk Bibel und Bekenntnis stellen sich uns zwei Aufgaben: Die Stimme gegen falsche Lehre zu erheben und Christen durch biblische Lehre für die Auseinandersetzungen zu stärken. Örtliche und regionale Initiativen, die sich miteinander in unserem Netzwerk verbunden haben, widmen sich jeweils auf ihre Weise diesen Aufgaben.

☑ https://www.bibelundbekenntnis.de/stellungnahmen/impuls-fuer-bekennende-gemeinschaften-2020/

Ulrich Parzany
Die Heilige Schrift – tausend mal bekämpft, tausend mal unkaputtbar

Eine Auslegung von Jeremia 36
Wir lesen die Bibel. Heute Jeremia 36.

Im Augenblick habe ich eine große Freude an einer kleinen Fernsehsendung auf Bibel TV, die ich für jede Woche mache. Da geht es ums Bibellesen. Und jede Sendung beginne ich mit dem Satz: „Wir lesen die Bibel. Heute …" Wir haben dort das Lukasevangelium, die Apostelgeschichte, den Römerbrief und das Matthäusevangelium in über 500 Sendungen behandelt. Regelmäßig die Bibel lesen – das ist mir wichtig. Jetzt also lesen wir Jeremia 36.

Die Veranstalter des Württembergischen Regionaltreffens in Stuttgart, bei dem dieser Vortrag gehalten wurde, haben den heißen Titel „Die Heilige Schrift – tausend mal bekämpft, tausend mal unkaputtbar" gewählt. Das Wort „unkaputtbar" stammt wohl kaum aus dem schwäbischen Dialekt-Wortschatz, kommt auch nicht im Duden vor, ist aber wohl trotzdem verständlich.

Wir lesen Jeremia 36, ein sehr spannendes Kapitel, zunächst die Verse 1–3:

„Im vierten Jahr Jojakims, des Sohnes Josias, des Königs von Juda, geschah dies Wort zu Jeremia vom HERRN: (2) Nimm eine Schriftrolle und schreibe darauf alle Worte, die ich zu dir geredet habe über Israel, über Juda und alle Völker von der Zeit an, da ich zu dir geredet habe, nämlich von der Zeit Josias an bis auf diesen Tag. (3) Vielleicht wird das Haus Juda, wenn sie hören von all dem Unheil, das ich ihnen zu tun gedenke, sich bekehren, ein jeder von seinem bösen Wege, damit ich ihnen ihre Schuld und Sünde vergeben kann."

1   Warum Gott sein Wort schriftlich gibt

Das vierte Jahr der Herrschaft des judäischen Königs Jojakim war das Jahr 605 vor Christus. Immer wieder lesen wir in der Bibel diesen starken Ausdruck „Da geschah das Wort vom HERRN zu …". Wenn Gott redet, ist das ein grundlegendes Geschehen. Geschichte passiert, wenn Gott redet.

Und damit sind wir schon mitten in den brennenden Problemen der Gegenwart. Hier steht „Das Wort des HERRN geschah". Geschah das wirklich? Oder schreibt da jemand, er hätte geglaubt oder gemeint, es hätte sich so angefühlt, als ob das Wort des HERRN zu ihm geschehen wäre, und daraus habe er jetzt eine Erzählung gemacht, von der kein Mensch weiß, ob sie wirklich so geschehen ist. Da merken Sie gleich, wie radikal die Konfrontation ist zwischen der Tonart der Heiligen Schrift selber und dem, was wir dann daraus machen.

Dieser Bericht ist genau datiert. Er fängt nicht wie ein Märchen an: „Es war einmal …". Im vierten Jahr des Jojakims. Jojakim war einer der Bösen unter den Königen, aber er gehörte in die Verheißungsgeschichte, die Gott mit dem König David begonnen hatte. Was er Schlimmes angerichtet hat, werden wir sehen.

Zuerst aber wollen wir fragen, warum Gott sein Wort schriftlich gibt. Wir diskutieren viel über die Bibel, ihre Autorität und wie sie auszulegen ist. Ich finde es sehr hilfreich, auf die Worte der Bibel zu hören, in denen sie über sich selber spricht. Hier ist so ein Wort.

Es gibt mehrere solcher Worte. Jesus z. B. sagt in Johannes 5,39: Ihr lest die Schrift, sie ist es, die von mir zeugt. Oder Lukas schreibt am Anfang seines Evangeliums (1,1 4), dass er wie ein Redakteur recherchiert hat. Und er schreibt seinem Adressaten Theophilus, warum dieses Wort schriftlich gegeben wird und es nicht reicht, dass es verkündet wird – im Gespräch oder öffentlich: „damit du sicheren Grund der Lehre hast, in der du unterwiesen bist." Darum gibt uns Gott sein Wort schriftlich. Wir sollen es nachprüfen können.

Oder in Römer 15,4 schreibt Paulus, „dass wir durch den Trost der Schrift Hoffnung haben sollen." Da bezieht er sich auf das Alte Testament, auf die Geschichte Gottes mit dem Volk Israel und mit der Welt, die dort dokumentiert ist. Oder Paulus schreibt im 2. Timotheusbrief 3,16, dass alle Schrift, von Gott eingegeben, nütze ist zur Lehre, zur Zurechtweisung, zur Besserung, zur Erziehung in der Gerechtigkeit.

Nun zu Jeremia 36. Warum will Gott, dass sein Wort nicht nur öffentlich durch Jeremia verkündet wird, wie es ja geschehen ist? Warum will er, dass das alles jetzt noch einmal schriftlich kommt? Es geht nicht um neue Worte. Er soll alles aufschreiben, was Gott in den letzten 20 Jahren seit der Zeit des Königs Josia zu Jeremia gesagt hat. Und wer das Buch des Propheten Jeremia liest, der weiß, wie viel das ist. Warum will Gott das? Jeremia saß zu der Zeit im Gefängnis. Will Gott sagen: „Tut mir leid, Jeremia, dass ich dir diesen Job gegeben habe. Kein Mensch hört auf dich. Aber damit nicht alles verloren ist, schreib alles noch einmal auf. Du hast im Gefängnis ja auch Zeit. Dann stellen wir das ins Archiv, damit die Nachwelt wenigstens weiß, dass du da gewesen bist." Das wäre eine vernünftige Begründung für die Entstehung der Bibel. Das steht aber hier nicht, wie wir gelesen haben.

Aber Gott nennt sein Motiv: „Vielleicht wird das Haus Juda, wenn sie hören von all dem Unheil, das ich ihnen zu tun gedenke, sich bekehren, ein jeder von seinem bösen Wege, damit ich ihnen ihre Schuld und Sünde vergeben kann." Muss Gott sagen „vielleicht"? Weiß er nicht, ob das Unternehmen wirklich die Ziele erreicht, die Gott damit verfolgt? Wir werden sehen, dass Gott sein Ziel nicht erreicht.

Trotzdem versucht er es und gibt ihnen sein Wort schriftlich. Die Motivation ist die leidenschaftliche Liebe Gottes. Er will den Menschen doch noch zur Einsicht und zur Bekehrung führen. Bekehrung ist das Ziel.

Man möchte ja Gott nicht schulmeistern. Aber eigentlich müsste ich als Theologe von heute sagen: „Man droht nicht. Wir haben eine Frohbotschaft und keine Drohbotschaft. Und man droht nicht mit dem Gericht und der Hölle." Gott erlaubt sich hier aber zu sagen: „Vielleicht wird das Haus Juda, wenn sie hören von all dem Unheil, das ich ihnen zu tun gedenke, sich bekehren, ein jeder von seinem bösen Wege, damit ich ihnen ihre Schuld und Sünde vergeben kann." Gott möchte es nicht tun.

Jeremia hat eine furchtbare Mission. Er musste sagen: Jerusalem wird zerstört, ihr werdet ins Exil gehen, der Tempel wird zerstört werden. Da sagten alle rechtgläubigen Propheten, die gegen ihn standen: „Gott ist die Liebe. Nie wird er das Wort seiner Treue brechen, das er Israel und dem Tempel gegeben hat." Und Jeremia musste sagen: „Ich soll euch von Gott bestellen: Ihr täuscht euch. Es wird alles kaputt gehen. Gott wird Gericht halten." Dafür haben sie Jeremia eingesperrt. Und da sitzt er nun im Gefängnis, und Gott überlegt offenbar, ob es noch ein Mittel gibt.

Wir kennen das. Wenn man einem Menschen etwas ganz verbindlich sagen will, dann heißt es: „Das gebe ich dir schriftlich, das bekommst du von mir Schwarz auf Weiß." Das ist urkundlich, notariell bestätigt. Nicht dass die Leute in Jerusalem denken: Worte sind Schall und Rauch. Propheten reden viel, wenn der Tag lang ist. Gott gibt ihnen und uns sein Wort schriftlich. Die Bibel ist eine Urkunde der leidenschaftlichen Liebe Gottes. Keiner soll eine Ausrede haben, dass er das Wort Gottes vergessen hätte. Jeder soll schwarz auf weiß lesen, dass Gott es ernst meint mit seinem Willen und dass er auf schreckliche Weise Gericht hält, wenn sein Wort nicht gehört wird.

Warum droht Gott? Das Motiv ist die Liebe. Gott möchte seine Ankündigungen nicht ausführen. Er wurde nicht gehört. Er hat sie ausgeführt. Aber er möchte es eigentlich nicht. Das passt zwar theologisch in keine Rechenaufgabe, kommt aber immer wieder in der Bibel vor, dass es Gott gereut. Er möchte zu gern das Gericht aufheben. Und er lockt: „Weißt du nicht, dass Gottes Güte dich zu Umkehr leitet?" (Römer 2,4) Und er droht. Jesus drohte, dass es Sodom und Gomorrha besser gehen wird im Gericht als Kapernaum, Chorazin und Betsaida, wo so viele Wunder geschehen sind (Matthäus 11,20–24). Jesus droht und lockt.

Einer der Gründe, warum wir die Bibel schriftlich haben, ist diese Leidenschaft der Liebe Gottes. Ihr sollt wissen, es ist ernst. Es geht um Tod und Leben. Es geht um Zeit und Ewigkeit. Es geht um die Heiligkeit Gottes.

Was ist die Folge?
Wir lesen weiter.
Jeremia 36,4–10:

„Da rief Jeremia Baruch, den Sohn Nerijas. Und Baruch schrieb auf eine Schriftrolle alle Worte des HERRN, die er zu Jeremia geredet hatte, wie Jeremia sie ihm sagte. (5) Und Jeremia gebot Baruch und sprach: Mir ist's verwehrt, ich kann nicht in des HERRN Haus gehen. (6) Du aber geh hin und lies die Schriftrolle, auf die du des HERRN Worte, wie ich sie dir gesagt habe, geschrieben hast, dem Volk vor im Hause des HERRN am Fasttage, und du sollst sie auch lesen vor den Ohren aller Judäer, die aus ihren Städten hereinkommen. (7) Vielleicht werden sie sich mit Beten vor dem HERRN demütigen und sich bekehren, ein jeder von seinem bösen Wege; denn der Zorn und Grimm ist groß, den der HERR diesem Volk angedroht hat.

(8) Und Baruch, der Sohn Nerijas, tat alles, wie ihm der Prophet Jeremia befohlen hatte, dass er die Worte des HERRN aus der Schriftrolle vorläse im Hause des HERRN. (9) Es begab sich aber im fünften Jahr Jojakims, des Sohnes Josias, des Königs von Juda, im neunten Monat, dass man ein Fasten ausrief vor dem HERRN für alles Volk zu Jerusalem und für alles Volk, das aus den Städten Judas nach Jerusalem kam. (10) Und Baruch las aus der Schriftrolle die Worte Jeremias vor im Hause des HERRN, in der Halle Gemarjas, des Sohnes Schafans, des Schreibers, im oberen Vorhof bei dem neuen Tor am Hause des HERRN, vor dem ganzen Volk."

2   Vielleicht … vergeblich?

Es dauerte fast ein Jahr, bis Jeremia und Baruch die Schriftrolle fertiggestellt hatten. Und dann beauftragt Jeremia seinen Sekretär, die Texte öffentlich in den Tempelhöfen vorzulesen. Er nutzt dazu ein öffentlich angesetztes Fasten, an dem nicht nur die Bewohner von Jerusalem, sondern auch die Leute aus dem judäischen Umland in das Tempelgebiet kamen. Immerhin, solche gottesdienstlichen Versammlungen gab es. Fasttage sind doch Zeichen für ernsthaftes religiöses Bemühen, oder nicht? Aber es kann sein, dass trotz des ganzen religiösen Betriebes, dessen Ernsthaftigkeit man ja nicht so einfach in Frage stellen darf, das Wort Gottes im Volk Gottes unbekannt ist.

Das ist uns ja auch heute bekannt. Noch immer sind trotz vieler Austritte Millionen Menschen Mitglieder der christlichen Kirchen in Deutschland. Aber wer liest die Bibel? Wenn die Leute nach den Zehn Geboten gefragt werden, bekommen nur wenige alle zehn zusammen.

Und wieder lesen wir das „vielleicht": „Vielleicht werden sie sich mit Beten vor dem HERRN demütigen und sich bekehren, ein jeder von seinem bösen Wege; denn der Zorn und Grimm ist groß, den der HERR diesem Volk angedroht hat." (Vers 7). So wie Gott es ihm gesagt hat, gibt Jeremia es an Baruch weiter: Er weiß auch nicht, ob das Bibellesen Wirkung zeigen wird. Werden die Leute hören und sich bekehren? Werden sie im Gebet auf das gehörte Wort Gottes antworten? Werden sie ihr Leben ändern? Jeremia hat keine Garantie für den Erfolg bekommen.

Aber die öffentliche Bibellese geschieht. Das Wort Gottes wird ausgesät, wie Jesus es auch gesagt hat. Der Sämann sät den Samen. Aber Dreiviertel des Samens geht zugrunde und bringt keine Frucht (Matthäus 13,3–9; 18–23). Auch Jesus zieht nicht die Konsequenz daraus, dass man beim Säen wirksamere Methoden verwenden sollte, um den hohen Verlust an Samen zu vermeiden. Wir lesen in Jeremia 36 nichts von irgendeiner Reaktion des Volkes. Sie scheinen zugehört zu haben. Aber gab es irgendeine Reaktion? Wir hören nichts davon.

Das kennen wir Verkündiger des Wortes Gottes. Wir lesen die Bibel und legen sie aus. Wir wissen meistens nicht, was daraus wird. Viele fragen: Lohnt sich das? Viele werden müde darüber.

Im Augenblick erinnert man sich leicht wehmütig daran, dass wir zwei Jahrzehnte mit öffentlichen Evangelisationsveranstaltungen mit vielen Tausend Menschen hatten. Ich durfte bei PROCHRIST auch ein bisschen dabei mitmachen. Viele haben während dieser Zeit kritisch gefragt: Bringt's das? Lohnt sich der ganze Aufwand? Die Diskussion muss heute niemand mehr führen. Es gibt keine großen Versammlungen mehr. Schaut euch das lächerliche Bild an, wie wir hier über den Saal verstreut sitzen! Niemand kommt mehr auf die Idee, die Porsche-Arena zu mieten, um sechstausend Leute aus Stuttgart und Umgebung dorthin einzuladen, damit sie das Evangelium, das sie rettet, hören sollen. Es muss niemand mehr argumentieren, dass so etwas nichts bringt. Es hat sich erledigt. Nicht alle scheinen darunter zu leiden, dass Gott uns manche Instrumente der Evangelisation aus der Hand genommen hat.

Ich weiß von den Chancen, die diese Zeit bietet. Ich mache Fernsehen. Ich habe mich am Karfreitag 2020 gefreut, dass ich auf YouTube 9.000 Zuhörer hatte, obwohl in dem Gottesdienstraum der Landeskirchlichen Gemeinschaft außer den

Technikern niemand war. Wir beten darum, dass Gott uns auch die großen öffentlichen Veranstaltungen wieder ermöglicht. Aber sie sind uns im Augenblick verwehrt. Niemand weiß wie lange.

Nun, Baruch steht im Tempelhof und liest die Bibel vor. Er legt sie nicht einmal aus. Er liest sie nur vor – allen, die dorthin kamen. Es waren Hunderte, vielleicht sogar Tausende.

Nun lesen wir weiter, was dort passierte: Jeremia 36,11–19

„Als nun Michaja, der Sohn Gemarjas, des Sohnes Schafans, alle Worte des HERRN gehört hatte aus der Schriftrolle, (12) ging er hinab in des Königs Haus in die Kanzlei. Und siehe, dort saßen alle Oberen: Elischama, der Schreiber, Delaja, der Sohn Schemajas, Elnatan, der Sohn Achbors, Gemarja, der Sohn Schafans, und Zidkija, der Sohn Hananjas, samt allen andern Oberen. (13) Und Michaja berichtete ihnen alle Worte, die er gehört hatte, als Baruch aus der Schriftrolle vor den Ohren des Volks vorlas.

(14) Da sandten alle Oberen Jehudi, den Sohn Netanjas, des Sohnes Schelemjas, des Sohnes Kuschis, zu Baruch und ließen ihm sagen: Nimm die Schriftrolle, aus der du dem Volk vorgelesen hast, mit dir und komm! Und Baruch, der Sohn Nerijas, nahm die Schriftrolle mit sich und kam zu ihnen. (15) Und sie sprachen zu ihm: Setze dich und lies, dass wir's hören! Und Baruch las vor ihren Ohren.

(16) Und als sie alle die Worte hörten, entsetzten sie sich untereinander und sprachen zu Baruch: Wir müssen alle diese Worte dem König mitteilen. (17) Und sie fragten den Baruch: Sage uns, wie hast du alle diese Worte aufgeschrieben? (18) Baruch sprach zu ihnen: Jeremia hat mir alle diese Worte vorgesagt und ich schrieb sie mit Tinte auf die Schriftrolle. (19) Da sprachen die Oberen zu Baruch: Geh hin und verbirg dich mit Jeremia, dass niemand wisse, wo ihr seid!"

3   Hoffnungsvolles Erschrecken

Wir erfahren nicht, ob das Vorlesen des Wortes Gottes in der Breite des Volkes Gottes Wirkung gehabt hat. Sie scheinen zugehört zu haben. Was sie gedacht oder ob sie sich vielleicht von ihren bösen Wegen bekehrt haben, lesen wir nicht. Aber es ergibt sich die Chance, dass das Wort Gottes auch den Führungskräften, sogar Regierungsmitgliedern, vorgelesen wird. Und das Wort schlägt dort ein. In dieser Gruppe geschieht ein hoffnungsvolles Erschrecken. Sie kapieren: Das muss der König hören.

Was bedeutet das? Wollen sie die Verantwortung auf den König abschieben? Das Volk Gottes Israel stand unter der Leitung des von Gott berufenen Hirten, des Königs. Israel war kein normales Volk. Es war und ist Gottes Bundesvolk. Mit Abraham hat Gott seine Erwählung und Erlösungsgeschichte begonnen, die in der Geschichte Israels auf den Messias Jesus zusteuerte.

Aber Israel hatte den Bund nicht gehalten, sondern Gottes Worte mit Füßen getreten. Gott musste den Propheten Jeremia schicken, der das Gericht ankündigte und zur Bekehrung von den bösen Wegen rief. Und diese Botschaft schlägt bei den Führungskräften ein.

Wie übersetzen wir diesen Bibeltext in unsere Zeit? Achtung! Es ist nicht erlaubt, Jeremia 36 einfach auf einen Staat wie Deutschland und seine Regierung zu übertragen. Gott hatte Abraham versprochen, dass aus ihm zunächst das Bundesvolk Israel werden würde. Aber dieser exklusive Anfang hat von Anfang an ein globales Ziel: „In dir sollen gesegnet werden alle Geschlechter auf Erden." (1.Mose 12,3) Durch Jesus wird der Bund mit Abraham für die Völker geöffnet. Hinzu kommen alle Menschen auch aus den Völkern in diesen Bund, die Jesus als Retter und Herrn anerkennen. Millionen aus allen Kulturen und Sprachen kommen dazu, die durch Jesus Vergebung der Sünden und den Heiligen Geist empfangen und Jesus als Herrn anerkennen. Das Volk Gottes Israel wird durch die Heidenchristen nicht ersetzt, sondern erweitert. Das ist die Fortsetzung der Geschichte des Alten Bundes.

Die Könige Israels haben ihr Ziel und ihre vollkommene Fortsetzung in dem guten Hirten Jesus. Er ist der König aller Könige. Alle, die in der christlichen Gemeinde Leitungsverantwortung wahrnehmen – also Hirten im Sinne von Epheser 4,11, sind die Hirtenjungen des großen Hirten Jesus. Sie nehmen in seinem Auftrag Leitungsverantwortung in der Kirche wahr. Dahin führt die Linie aus Jeremia 36.

Auf der Führungsebene des Volkes Gottes schlug damals das Wort Gottes wie der Blitz ein. Sie begreifen: Das können wir jetzt nicht nur für uns zur Erbauung hören, sondern das muss in Handlungen für das Volk Gottes umgesetzt werden. Es muss sich im Volk Gottes etwas ändern. Wir können uns nicht weiter mit Lügen vom Frieden, wo kein Friede ist, trösten. Und entscheidendes Handeln für das Volk Gottes ging damals durch den König. Er war der Hirte. Er hatte das Sagen. Das Volk Gottes war und ist keine Demokratie, in der alle Herrschaft vom Volke ausgeht. Sie geht vom König aus.

Auch die Kirche ist keine Demokratie, sondern Christusherrschaft. Das Grundbekenntnis lautet: Jesus ist der Herr. Wir sind Brüder und Schwestern. Darum müssen wir uns um ein gutes geschwisterliches Miteinander bemühen. Da haben wir noch Lernbedarf. Das kann noch besser werden. Es muss geschwisterlich zugehen. Aber der Herr heißt Jesus Christus. Alle Leitungsverantwortlichen sind ihm untergeordnet.

Es ist etwas Wunderbares, wenn solche Führungskräfte in Kirche und Gemeinden das Wort Gottes an ihr Gewissen heranlassen. Ob Pfarrer, Pastoren, Gemeindeälteste, Presbyter, Kirchengemeinderäte, Leiter von Gemeinschaften, Verbänden und Werken – das Wort Gottes gilt uns. Es ist hoffnungsvoll, wenn wir uns im Gewissen treffen lassen und erkennen, dass etwas geschehen muss.

Man nennt das wohl Erweckung, wenn wenigstens einige aufwachen. Aber zwischen Aufwachen und Aufstehen gibt es kritische Momente, wie jeder müde Mensch weiß, der morgens den Kampf aus dem Bett kämpft.

Erweckung scheint in Jerusalem zu geschehen. Aber was wird daraus. Wir lesen weiter Jeremia 36,20–26:

„Sie aber gingen hinein zum König in den Vorhof und ließen die Schriftrolle verwahren in der Halle Elischamas, des Schreibers, und teilten dem König alle diese Worte mit.

(21) Da sandte der König den Jehudi, die Schriftrolle zu holen. Der nahm sie aus der Halle Elischamas, des Schreibers. Und Jehudi las dem König vor und allen Oberen, die bei dem König standen. (22) Der König aber saß im Winterhause vor dem Kohlenbecken; denn es war im neunten Monat. (23) Wenn aber Jehudi drei oder vier Spalten gelesen hatte, schnitt er sie ab mit einem Schreibmesser und warf sie ins Feuer, das im Kohlenbecken war, bis die Schriftrolle ganz verbrannt war im Feuer.

(24) Und niemand entsetzte sich und zerriss seine Kleider, weder der König noch seine Großen, die doch alle diese Worte gehört hatten. (25) Und obwohl Elnatan, Delaja und Gemarja den König baten, er möge die Schriftrolle nicht verbrennen, hörte er nicht auf sie.

(26) Dazu gebot der König Jerachmeel, dem Königssohn, und Seraja, dem Sohn Asriëls, und Schelemja, dem Sohn Abdeels, sie sollten Baruch, den Schreiber, und Jeremia, den Propheten, ergreifen. Aber der HERR hatte sie verborgen.“

4   Kirchenamtliche Bibelverbrennung

Wir lesen hier von einer kirchenamtlichen Bibelverbrennung. Die würde es heute natürlich nicht geben. Bibeln verbrennen andere. Kirchenamtlich sage ich darum, weil die Übertragung der Aktion des Jojakim mit der Bibel im Wintergarten seines Palastes nicht auf die Regierungen unseres Staates zu übertragen ist, sondern auf die Verantwortlichen in der Kirche. Damit niemand das theologisch in den falschen

Hals bekommt! Es geh hier um das Volk Gottes, die Gemeinde Gottes, die Kirche. Wir haben heute in den Kirchen nicht nur eine menschliche Führungskraft, sondern viele. Die entscheidende Frage ist also: Wie reagiert die Ebene, die den Leitungsauftrag in den Kirchen hat, auf das Wort Gottes? Darum geht es hier.

Es heißt, dass niemand die Kleider zerriss, als die Schrift verbrannt wurde. Was ist da passiert? Von den gleichen Leute, die das miterleben, heißt es vorher, dass sie sich beim Hören des Wortes Gottes entsetzten. Sie hatten begriffen, dass etwas passieren musste. Dann gehen sie einen Schritt weiter und ermöglichen, dass etwas passiert, indem sie die Schriftrolle zum König bringen. Dann erleben sie, dass das Wort Gott verächtlich gemacht und zerstört, missachtet und ausgelöscht wird. Es wird zu Asche gemacht, bedeutungslos für das Handeln. Und nun entsetzt sich niemand mehr.

Das heißt doch, wenn man dem Schrei des Gewissen nicht gehorsam folgt, hat man ein ruhiges, nämlich ein getötetes Gewissen, das einen nicht mehr stört.

Kleider zerreißen war in Israel das Zeichen des Entsetzens darüber, dass Gott gelästert wurde. Im Prozess Jesu zerreißt der Hohepriester sein Obergewand, weil er meint, Jesus habe mit seinem Anspruch Gott gelästert. Die Geste bedeutet: Unser Leben ist verwirkt wegen unserer Sünde, wir wollen umkehren. Hier aber zerriss niemand seine Kleider, niemand entsetzte sich. Niemand erkennt die Gotteslästerung, die darin besteht, dass Gottes Wort vernichtet wird.

Wie gehen wir heute mit dem Wort Gottes um? Wenn die Diagnose stimmt, dass der Grundschaden darin liegt, dass in unserer Kirche das Wort Gottes nicht mehr als Maßstab für Glauben, Leben und Lehre gilt, dann haben wir ein richtiges Problem.

Was die Leitungsebene in der Kirche angeht, haben die Reformatoren ganz nüchtern Vorsorge getroffen. Sie hatten gerade erlebt, dass die Kirchenleitung das Wort Gottes missachtete. Sie waren realistisch genug, damit zu rechnen, dass das auch in Zukunft wieder passieren würde. Darum haben sie den Artikel 28 in der Confessio Augustana (Augsburgisches Bekenntnis von 1530) formuliert, wo es heißt: Wenn geistliche Leitungen etwas gegen das Evangelium lehren, soll man ihnen nicht gehorchen. Das gehört zu den Grundbekenntnissen aller Evangelischen Kirchen. Und alle Pfarrer werden darauf bei ihrer Ordination verpflichtet. Man darf wohl in Erinnerung rufen, dass man also nichts Böses tut, wenn man die Stimme erhebt und sagt: So nicht!

Endet die Geschichte tröstlich und mit Happy End? Wir lesen Jeremia 36,27–32:

„Nachdem der König die Schriftrolle verbrannt hatte, auf die Baruch die Worte geschrieben hatte, wie Jeremia sie ihm sagte, geschah des HERRN Wort zu Jeremia: (28) Nimm dir eine neue Schriftrolle und schreibe auf sie alle vorigen Worte, die auf der ersten Schriftrolle standen, die Jojakim, der König von Juda, verbrannt hat.

(29) Über Jojakim aber, den König von Juda, sollst du sagen: So spricht der HERR: Du hast diese Schriftrolle verbrannt und gesagt: Warum hast du darauf geschrieben, dass der König von Babel kommen und dies Land verderben werde, sodass weder Menschen noch Vieh mehr darin sein werden? (30) Darum spricht der HERR über Jojakim, den König von Juda: Es soll keiner von den Seinen auf dem Thron Davids sitzen, und sein Leichnam soll hingeworfen liegen, am Tag in der Hitze und nachts im Frost. (31) Und ich will ihn und seine Nachkommen und seine Großen heimsuchen um ihrer Schuld willen, und ich will über sie und über die Bürger Jerusalems und über die in Juda kommen lassen all das Unheil, von dem ich zu ihnen geredet habe, und sie gehorchten doch nicht.

(32) Da nahm Jeremia eine andere Schriftrolle und gab sie Baruch, dem Sohn Nerijas, dem Schreiber. Der schrieb darauf, so wie ihm Jeremia vorsagte, alle Worte, die auf der Schriftrolle gestanden hatten, die Jojakim, der König von Juda, im Feuer hatte verbrennen lassen; und es wurden zu ihnen noch viele ähnliche Worte hinzugetan."

5 Gott gibt nicht auf – in Gericht und Gnade

Das angekündigte Gericht über Jojakim, Jerusalem und Judäa wird tatsächlich in einer grauenhaften Weise vollzogen. Israel hat furchtbar darunter gelitten. Die Verheißungen Gottes waren damit in Frage gestellt. Bricht Gott sein Wort? Krise des Glaubens durch das Gericht Gottes!

Was ist die Übertragung für uns? Ich bin nicht Prophet, der die Zeit deutet. Ich sage nur, was ich in Galater 6,7 lese: „Irret euch nicht! Gott lässt sich nicht spotten. Denn was der Mensch sät, das wird er ernten." Das gilt. Das steht übrigens im Neuen Testament. Ich lese in Offenbarung 2–3 die Briefe, die Jesus den blühenden Gemeinden in Kleinasien durch den Apostel Johannes schrieb. Nach Pergamon schreibt er: „Tu Buße, wenn aber nicht, so werde ich bald über dich kommen und gegen sie streiten mit dem Schwert meines Mundes." (Offenbarung 2,16). Den Text sollte man lesen, wenn man auf Kulturreise nach Berlin ins Pergamon-Museum geht und sich dort den riesigen Altar anschaut. Die Schärfe des Wortes Gottes als Gerichtswort droht Jesus seiner Gemeinde an, wenn sie nicht auf ihn hört.

Es gehört zu den erschreckenden Erkenntnisse beim Studium der Kirchengeschichte, was aus den sieben Gemeinde der Offenbarung, Kapitel 2–3, geworden ist. Alle wurden ausgelöscht. Es ist allerdings auch eine Freude, heute wieder von lebendigen Gemeinden in Smyrna – heute Izmir – zu hören. Gott fängt wieder an. Aber über Jahrhunderte waren blühende Gemeinden ausgelöscht. Aber Kirchen sterben nur an einem Krebsschaden, nämlich dass sie nicht auf das Wort Gottes hören.

Aber der Bericht in Jeremia 36 geht noch weiter. Gott gibt nicht auf und macht weiter in Gnade. Und die Gnade heißt: Jeremia, schreib neu! Und schreib mehr! Und heute – 2.625 Jahre später – halten wir das Buch Jeremia in den Händen. Das ist die Erfüllung dieser Ankündigung. Niemand hätte sich damals vorstellen können, dass nach 2.625 Jahren in Deutschland Menschen diese Worte lesen und erleben, dass Gottes Wort zu ihren Gewissen spricht. Wir halten die Erfüllung der Ansagen Gottes in Händen.

Ich komme noch einmal zum Anfang zurück und frage: Warum gibt uns Gott sein Wort schriftlich? Vielleicht hören sie und bekehren sich von ihren bösen Wegen. Vielleicht, wenn sie hören, dass es ein Gericht Gottes, eine ewige Verdammnis, ein Sterben von Kirchen, die das Wort Gottes missachten, gibt. Aus leidenschaftlicher Liebe hat Gott uns sein Wort schriftlich gegeben. Sein Ziel ist unsere Bekehrung und Rettung.

Wir beten: Vater im Himmel, wir preisen dich über deiner Barmherzigkeit. Wir flehen dich an, höre nicht auf, zu uns zu reden. Wecke unsere Gewissen! Weck die tote Christenheit aus dem Schlaf der Sicherheit! Zieh deine Hand nicht ab von deiner Kirche! Erbarme dich und gib uns noch einmal neue Chancen, dein Wort in der Kraft deines heiligen Geistes vielen Menschen zu sagen. Dein Wort sagt, dass du willst, dass alle Menschen gerettet werden und zur Erkenntnis der Wahrheit kommen. Um deiner Ehre und Barmherzigkeit willen, Herr, erbarme dich! Amen

Ulrich Parzany lebt in Kassel, ist evangelischer Pfarrer, war Generalsekretär des CVJM Deutschland und Leiter des Evangelisationsprojektes PROCHRIST. Er ist Vorsizender des Netzwerks Bibel und Bekenntnis.

Dieser Vortrag wurde beim Regionaltreffen des Netzwerks Bibel und Bekenntnis am 26.09.2020 in Stuttgart gehalten. Der Originalvortrag ist auf der Internetseite und auf dem YouTube-Kanal unseres Netzwerks zu sehen und zu hören:

☐ https://www.bibelundbekenntnis.de/videos/die-heilige-schrift-tausend mal-bekaempft-tausend mal-unkaputtbar/

☐ https://www.youtube.com/watch?v=SuczG8PZYXY

Markus Till
Das wunderkritische Paradigma

Der heimliche Spaltpilz der Christenheit

Dürfen Theologen in ihrer bibelwissenschaftlichen Arbeit damit rechnen, dass Wunder wirklich geschehen sind und Propheten die Zukunft vorhersagen konnten? Leider wissen nur wenige Christen, dass diese einfache Frage bei vielen theologischen Umwälzungen der letzten beiden Jahrhunderte mit im Zentrum stand. Das wunderkritische Paradigma wirkt gerade deshalb so spaltend, weil es so selten offen angesprochen wird. Angesichts der enorm weitreichenden Konsequenzen für die Christenheit ist es höchste Zeit, das zu ändern.

Naturwissenschaftler erforschen die Welt vor allem durch genaue Beobachtung und reproduzierbare Experimente. Dabei gehen sie davon aus, dass sich für jedes Naturphänomen eine natürliche, naturgesetzliche Erklärung finden lässt. Diese Selbstbeschränkung auf natürliche Erklärungen ist selbst aber kein Ergebnis wissenschaftlicher Forschung sondern vielmehr eine Denkvoraussetzung.

Wunder könnten – wenn es sie gäbe – weder reproduzierbar beobachtet und erst recht nicht experimentell nachgestellt werden. Sie entziehen sich somit grundsätzlich der naturwissenschaftlichen Methodik. Das gilt ganz besonders für Wunder aus fernen vergangenen Zeiten. Bei geschichtlichen Ereignissen handelt es sich generell um einmalige, nicht mehr beobachtbare und nicht reproduzierbare Vorgänge. Die Frage nach der Möglichkeit von (historischen) Wundern ist deshalb prinzipiell wissenschaftlich nicht beantwortbar.

Die Entscheidung, in der Forschung nicht mit übernatürlichen Vorgängen zu rechnen, ist deshalb dem Bereich der „Paradigmen" zuzuordnen. Ein Paradigma ist eine grundsätzliche, dem wissenschaftlichen Arbeiten vorgeordnete Denkweise. Prof. Uwe Zerbst schreibt dazu in Berufung auf die Wissenschaftstheoretiker Thomas S. Kuhn und Alan Chambers: „Grundlage eines Paradigmas ist der freiwillige Konsens einer möglichst großen Gruppe von Wissenschaftlern, wie in der betreffenden Disziplin „richtig" geforscht wird. […] Anhänger konkurrierender Paradigmen leben […] in gewisser Weise ‚in verschiedenen Welten', was sich unter anderem darin zeigt, dass für sie ganz unterschiedliche Fragen legitim oder bedeutsam sind."[1] In der Wissenschaft spielen also außerwissenschaftliche

---

1 Zerbst, Uwe: Die Bibel vor der Wahrheitsfrage, online unter www.academia.edu/31864040/Die_Bibel_vor_der_Wahrheitsfrage, S. 16.

Vorannahmen eine weit größere Rolle, als viele Laien und auch so manche Wissenschaftler denken.[2]

Ist die Selbstbeschränkung auf natürliche Ursachen grundlegend für wissenschaftliches Arbeiten?

Angesichts des Siegeszugs der Naturwissenschaften mit allen daraus resultierenden Fortschritten in Medizin und Technik glauben viele Menschen, dass die Beschränkung auf natürliche Ursachen generell die Grundlage jeglicher seriöser Wissenschaft wäre. Aber das ist ein Irrtum. Wissenschaft muss ergebnisoffen nach Wahrheit suchen. Jede außerwissenschaftliche Grundannahme muss sich immer wieder fragen lassen, ob sie ihrem jeweiligen Forschungsgegenstand gerecht wird und zu schlüssigen Ergebnissen führt. Um es mit den Worten des berühmten Wissenschaftstheoretikers Karl Popper zu sagen: „Ein empirisch-wissenschaftliches System muss an der Erfahrung scheitern können."[3] Es muss also widerlegbar („falsifizierbar") sein, um als wissenschaftlich gelten zu dürfen.

Das gilt auch für die Selbstbeschränkung auf natürliche Ursachen. So erfolgreich und sinnvoll dieser Ansatz bei der Erforschung der Welt auch war, bei der Frage nach der Entstehung der Welt hat er sich als weit weniger fruchtbar erwiesen. Die Annahme, dass die DNA als biologischer Informationsträger ein Produkt von sich selbst organisierender Materie sei, konnte bislang durch wissenschaftliche Beobachtungen und Experimente nicht erhärtet werden. Gleiches gilt für die Frage, wie die fein aufeinander abgestimmten Bausteine des Universums, die komplexen molekularen Maschinen, die hocheffizienten biologischen Baupläne und der selbst-bewusste menschliche Geist entstehen konnten. Trotz jahrzehntelanger intensiver Forschung zeichnen sich bei keiner dieser Fragen solide Erklärungen für natürliche Entstehungswege ab.[4] Könnte es sein, dass der Ansatz, der bei der Erforschung der Welt so überaus erfolgreich war, bei der Erforschung der Entstehung der Welt versagt, weil er diesem völlig anderen Forschungsgegenstand vielleicht gar nicht gerecht wird? Wäre es angesichts des anhaltenden Scheiterns vielleicht angemessen, speziell bei den Ursprungsfragen einen Paradigmenwechsel in Erwägung zu ziehen und die Option der Wirksamkeit eines übernatürlich wirkenden, ordnenden Geistes dort wieder zuzulassen?

Unwissenschaftlich wäre das nicht, im Gegenteil: Es wäre ein Verstoß gegen die Freiheit des wissenschaftlichen Denkens, mögliche Optionen, die wahr sein könnten, prinzipiell dauerhaft auszuschließen. Wirklich unwissenschaftlich wäre es, wenn ein Paradigma sich grundsätzlich und dauerhaft dem Wettbewerb mit anderen Paradigmen verschließt.

---

2 Ausführlich erläutert in Till, Markus: Außerwissenschaftliche Vorannahmen – Denkvoraussetzungen von Wissenschaftlern und Theologen, AiGG-Blog 2020.
3 Popper, Karl (1934): Logik der Forschung. Zitiert bei Uwe Zerbst: Die Bibel vor der Wahrheitsfrage S. 12.
4 Die wachsenden Herausforderungen in der Evolutionsbiologie werden geschildert in Till, Markus: Evolution – Ein Welterklärungsmodell am Abgrund?, AiGG-Blog 2018.

Sollte sich auch die Bibelwissenschaft auf natürliche Ursachen beschränken?

Auffällig ist, dass genau die gleiche Frage, die weltweit in der Ursprungsforschung für Unruhe sorgt, auch in der Bibelwissenschaft eine enorme Rolle spielt. Spätestens seit dem 19. Jahrhundert steht auch hier die These im Raum, dass eine Selbstbeschränkung auf natürliche Erklärungen (also ein „wunderkritisches Paradigma") die allgemeine Grundlage für seriöses bibelwissenschaftliches Arbeiten sein sollte. Entsprechend schreibt der Theologe Prof. Armin D. Baum: *„Seit dem 19. Jahrhundert wird das Adjektiv ‚kritisch' auch mit der Bedeutung prinzipiell ‚wunder-kritisch' verwendet.* "[5]

Bis dahin hatte sich das theologische Denken der Kirche weitgehend am biblischen Weltbild orientiert.[6] Die Bibel geht zwar genau wie die moderne Naturwissenschaft davon aus, dass in der Welt in aller Regel nur natürliche Kräfte am Werk sind. Aber bei der Ursprungsfrage rechnet die Bibel sehr wohl mit dem übernatürlichen Wirken eines Schöpfers. Und sie hält es zudem für selbstverständlich, dass dieser Schöpfer jederzeit in den Lauf der Welt eingreifen und sich seinen Geschöpfen in übernatürlicher Art und Weise offenbaren kann.[7]

Bedeutend für den theologischen Paradigmenwechsel war unter anderem ein Aufsatz des Theologen Ernst Troeltsch aus dem Jahr 1898, in dem er der alten „dogmatischen Methode" eine „historisch-(kritisch)e Methode"[8] gegenüberstellte, in der

---

5   Baum, Armin D.: Die historisch-kritische Methode in der Bibelwissenschaft in: Biblisch erneuerte Theologie. Jahrbuch für Theologische Studien (BeTh), Band 3, 2019, S. 86.

6   „In der christlichen Theologie nahm man bis weit in die Neuzeit hinein mehr oder weniger einhellig an, dass die neutestamentlichen Texte auch an den Stellen historisch zutreffend sind, wo sie von Wundern Jesu oder seiner Auferweckung von den Toten berichten. Die Bereitschaft, auch Wunder als historische Ereignisse anzuerkennen, ergab sich aus dem jüdisch-christlichen Gottesbild, wie es bereits in den ersten Abschnitten der Bibel formuliert wird (Gen 1,1–2,3) und das Alte und Neue Testament durchzieht (Ex 20,11; Neh 9,6; Ps 146,5–6; Jes 40,26 u. 6.). Warum sollte der Gott, der Himmel und Erde samt der in ihnen herrschenden Naturgesetze geschaffen hat, diese nicht zu besonderen Gelegenheiten durch ein übernatürliches Eingreifen überboten haben?" Baum, Armin D.: Die historisch-kritische Methode in der Bibelwissenschaft, S. 80.

7   So bestätigt auch Gerhard Karner im WiBiLex: „Grundlegend für [das altorientalische Wirklichkeitsverständnis] … ist die Wahrnehmung der Welt als von den Göttern geschaffen und geordnet, und es war selbstverständlich, dass die Götter jederzeit in den Lauf der Welt eingreifen konnten. Das alte Israel bildete hierin keine Ausnahme. Nach alttestamentlicher Darstellung hat Gott die Welt geschaffen und geordnet (Gen 1,1–2,4a; Ps 148,1–6), und es ist selbstverständlich dass Gott jederzeit in den Lauf der Welt eingreifen kann." In: Wunder / Wundergeschichten (AT), WiBiLex 2014, S. 1.

8   Der Begriff „historisch-kritische-Methode" ist doppeldeutig: „Im 19. Jahrhundert ging man in der Theologie dazu über, dem Wort ‚Kritik' eine zusätzliche Bedeutung zu verleihen und mit ihm auch das philosophische Vorverständnis zu bezeichnen, mit dem man die biblischen Schriften untersuchte. ‚Kritisch' nannte man jetzt auch eine Exegese, die die biblischen Wunder prinzipiell nicht mehr als historisch anerkannte. Eine Bibelauslegung, die die Auferweckung Jesu als historisches Ereignis in Raum und Zeit gelten ließ, nannte man ‚vorkritisch'. Da sich diese weltanschauliche Kritik auf historische Aussagen bezog, verband man das Adjektiv ‚kritisch' auch hier mit dem Adjektiv ‚historisch' und sprach von ‚historisch-kritischer' Forschung bzw. der ‚historisch-kritischen' Methode. Eine historisch-kritische Methode in diesem Sinn beinhaltet die grundsätzliche

übernatürliche („supranaturalistische") Taten Gottes grundsätzlich ausgeschlossen wurden.[9] Prägend war auch der Theologe Rudolf Bultmann, der meinte, dass der Glaube „an die Geister- und Wunderwelt des Neuen Testaments" für moderne, technikaffine Menschen nicht länger zumutbar sei, weil sie in ihrem Alltag die Erfahrung machen, dass es keine Wunder gibt.[10] Bultmann ging zudem von der Voraussetzung aus, „dass die Geschichte eine Einheit ist im Sinne eines geschlossenen Wirkungszusammenhangs, in dem die einzelnen Ereignisse durch die Folge von Ursache und Wirkung verknüpft sind. [...] Diese Geschlossenheit bedeutet, dass der Zusammenhang des geschichtlichen Geschehens nicht durch das Eingreifen übernatürlicher, jenseitiger Mächte zerrissen werden kann, dass es also kein ‚Wunder' in diesem Sinne gibt." Historische Wissenschaft dürfe zwar „nicht behaupten, dass [...] es kein Handeln Gottes in der Geschichte gäbe. Aber sie selbst kann das als Wissenschaft nicht wahrnehmen und damit rechnen."[11]

Dass Theologen in der praktischen bibelwissenschaftlichen Arbeit nicht mit übernatürlichen Vorgängen rechnen sollten, wird heute oft auch wie folgt begründet: Um gemeinsames wissenschaftliches Arbeiten zu ermöglichen, dürfe Wissenschaft nur Methoden anwenden, die von Wissenschaftlern unterschiedlichster Weltanschauungen nachvollzogen werden können, die also „intersubjektiv überprüfbar" sind.[12]

Bestreitung der übernatürlichen Aussagen der biblischen Texte. [...] Der Ausdruck ‚historisch-kritische Methode' hat somit zwei unterschiedliche Bedeutungen, die nicht miteinander verwechselt werden dürfen. ‚Einerseits bedeutet ‚kritisch schlicht ‚wissenschaftlich' und gemeint ist eine ‚historisch-wissenschaftliche Methode', die keine Vorentscheidung über die Möglichkeit übernatürlicher Handlungen Gottes einschließt und insofern weltanschaulich offen ist. Andererseits bedeutet ‚kritisch' in einem weltanschaulichen Sinn ‚wunderkritisch' und gedacht ist an eine ‚historisch-wunderkritische Methode', die ein übernatürliches Handeln Gottes von Anfang an ausschließt." Baum, Armin D.: Die historisch-kritische Methode in der Bibelwissenschaft, S. 60.

9   In seinem Aufsatz „Ueber historische und dogmatische Methode in der Theologie" stellte Ernst Troeltsch dar, dass es nur Wahrscheinlichkeitsurteile statt absoluter Aussagen geben könne („Kritik" statt „Autorität"), dass Wunder prinzipiell unmöglich sind („Analogie" statt „Supranaturalismus") und dass es keine von der Profangeschichte unterscheidbare Heilsgeschichte geben könne („Korrelation" statt „Separation"). Ausführlicher erläutert in Baum, Armin D.: Die historisch-kritische Methode in der Bibelwissenschaft, S. 81ff.

10   „Bultmanns wesentliches Argument ist mithin alltagsorientiert: Der ‚moderne Mensch' nimmt in seinem Alltag an der durch die experimentelle Methode geprägten Kultur Teil. Supranaturale Annahmen im religiösen Bereich produzieren daher einen logischen Widerspruch, der existenziell nicht zumutbar ist." Pöttner, Martin: „Entmythologisierung (NT)", WiBiLex 2014, S. 2.

11   Bultmann, Rudolf: Ist voraussetzungslose Exegese möglich?, 1957, Theologische Zeitschrift Basel, S. 411ff.

12   So äußert z. B. Prof. Thorsten Dietz: „Ich glaube, historische Wissenschaft kann nur so funktionieren, dass Christen und Atheisten und Humanisten und UFO-Gläubige und Sektierer und Menschen, die an sich selbst glauben und alle im Grunde sagen: Wir einigen uns in der historischen Wissenschaft darauf: Wir akzeptieren nur allgemein einsichtige Evidenz. [...] DAS ist der Punkt, das hat mit Atheismus überhaupt nichts zu tun. Es geht nur darum, dass alle mit denselben Karten spielen. Es wäre komisch zu sagen: Alle spielen mit denselben Karten, die 32, die man vom Skat kennt, aber Christen kriegen noch einen Joker dazu, im Zweifelsfall spielen sie die Gotteskarte. [...] Da würde ich dann doch lieber sagen: Wir machen historisches Arbeiten als seriöse Wissenschaft. [...] Ich glaube, dass Gott da seine Finger im Spiel hat. Aber das ist ein Glaubensurteil und ich werde nicht anfangen, Gott jetzt zum Teil einer historisch greifbaren Welt zu machen." Im Worthaus-Vortrag „Der Lebendige – Die Begegnung mit dem Auferstandenen" vom 11.6.2019, ab 26:21.

Da die Möglichkeit von Wundern von der Mehrheit der Wissenschaftler abgelehnt wird, führt das in der Praxis dazu, dass Bibelwissenschaftler in ihrer Theoriebildung grundsätzlich nicht mit göttlichen Eingriffen rechnen – selbst wenn sie persönlich durchaus an die Realität von Wundern und Offenbarungsereignissen glauben.

Tatsächlich sind laut Prof. Peter Wick wunderkritische Einstellungen an den theologischen Fakultäten heute weit verbreitet.[13] Laut Armin Baum dürfte in der (deutschsprachigen) wissenschaftlichen Theologie *„das wunderkritische Lager in der Mehrheit sein, während außerhalb der theologischen Wissenschaft die wundergläubigen Christen in der Mehrzahl sein werden.“*[14] Baum wies zudem darauf hin, dass auch solche Bibelforscher, die sich eigentlich gegen eine generelle Wunderkritik stellen, in der Praxis trotzdem das wunderkritische Paradigma anwenden können.[15] Umso mehr stellt sich die Frage: *Wie weitreichend wirkt das wunderkritische Paradigma tatsächlich in der heutigen Theologie? Welche Konsequenzen hat es für die Auslegung der biblischen Texte? Und welche Konsequenzen hat es für die Kirche Jesu und ihre Einheit?*

Die Recherchen zur Beantwortung dieser Fragen waren für mich spannend wie ein Krimi. Als wahre Fundgrube hat sich dabei das von der Deutschen Bibelgesellschaft veröffentlichte wissenschaftliche Bibellexikon im Internet (WiBiLex, www.bibelwissenschaft.de/wibilex) erwiesen. WiBiLex wird unter anderem auf der Internetseite der Worthaus-Mediathek ausdrücklich empfohlen. Bei der Lektüre von WiBiLex-Artikeln stellte ich zunehmend fest: *Eine supranaturalistische Sichtweise, die mit übernatürlichen Ereignissen rechnet, wird dort im Grunde nirgends als vernünftige Denkalternative betrachtet. Die Artikel folgen mehr oder weniger klar dem wunderkritischen Paradigma – mit weitreichenden Konsequenzen für die Auslegung der biblischen Texte.* Je ein Beispiel aus dem Alten und dem Neuen Testament sollen das verdeutlichen:

---

13 „Wenn ein Universitätsprofessor zu Jesus und Wundern befragt wird, steht da sofort ein Elefant im Raum, nämlich der Elefant der Wunderkritik, der Aufklärung und des Rationalismus. Der Elefant heißt: Es kann keine Wunder geben, auch nicht bei Jesus, weil es nicht vernünftig ist. [...] In den letzten Jahrzehnten breiteten sich die Populationen dieser Elefantenrasse nicht mehr aus. Aber es finden sich immer noch große Herden vor allem an den Universitäten, gerade auch in theologischen Fakultäten. Viele angehende Pfarrer oder auch heutige Pfarrer, Theologiestudenten, Religionslehrer wurden von diesem Rüsseltier stark beeindruckt, zum Teil für ihr ganzes Leben und ihre ganze Theologie." Wick, Peter im Worthaus-Vortrag „Das Mysteriöse – Von der rationalen Wunderkritik über den postmodernen Wunderglauben zurück zu Jesus" vom 9.6.2019, ab 2:55.

14 Baum, Armin D.: Die historisch-kritische Methode in der Bibelwissenschaft, S. 80.

15 Als Beispiele nennt er die katholischen Neutestamentler Rudolf Pesch und Joseph Fitzmyer, die sich zwar der offiziellen Lehre der katholischen Kirche anschließen, dass „weltanschauliche Vorentscheidungen darüber, was möglich oder nicht möglich sei, [...] keine Kriterien historischen Urteils sind", aber dann doch die Evangelien auf die Zeit nach 70 n. Chr. datieren aufgrund einiger detaillierter Vorhersagen in den Evangelien, die sie für nachträglich eingefügt halten. In: Baum, Armin D.: Einleitung in das Neue Testament, Witten 2018, S. 881 ff.

Daniel: Prophet oder fingierte Legende?

Die Kapitel 7–12 des Buchs Daniel sind in der Ich-Perspektive verfasst. Sie behaupten also von sich selbst, vom Propheten Daniel und somit aus dem 6. Jahrhundert vor Christus zu stammen. Zugleich enthalten gerade diese Kapitel detaillierte und zutreffende Berichte über geschichtliche Ereignisse des dritten und zweiten Jahrhunderts vor Christus[16]. Das stellt jeden Ausleger vor eine grundsätzliche Entscheidung:

» Entweder treffen die Behauptungen des Buchs über seine Datierung und Verfasserschaft zu. Dann hätten wir hier ein verblüffendes Zeugnis von detailgetreu eingetroffenen prophetischen Vorhersagen vorliegen.

» Oder aber die angeblichen Prophetien wurden erst nach den geschichtlichen Ereignissen, also etwa um das Jahr 170 vor Christus aufgeschrieben.[17] Dann hätte der Autor über die Ich-Perspektive seine Identität mit der Person des Daniel aus der Zeit des Exils nur „fingiert".[18]

Welche Deutung stimmt? Die traditionelle Position zu dieser Frage ist vollkommen eindeutig: Sämtliche antike jüdische und christliche Quellen gehen einmütig davon aus, dass der Selbstanspruch des Buchs Daniel zu seiner Datierung und Verfasserschaft im Wesentlichen zutrifft.[19] Schon im 1. Makkabäerbuch, das vermutlich im späten 2. Jahrhundert vor Christus geschrieben wurde[20], *„werden Daniel und seine Freunde … wie wirkliche, geschichtliche Personen behandelt."*[21]

Ganz im Gegensatz dazu gilt es in den relevanten WiBiLex-Artikeln als Selbstverständlichkeit, dass es sich bei den Vorhersagen im Buch Daniel in Wahrheit um rückblickende Texte aus dem 2. Jahrhundert vor Christus handelt. Daniel sei

---

16 So schreibt Dominik Helms: „Das Daniel-Buch verfügt über erstaunlich präzise Kenntnis der wesentlichen geschichtlichen Vorgänge von der frühen hellenistischen Zeit bis zu einem bestimmten Zeitpunkt in der Makkabäerzeit, kurz vor dem Tod des Antiochus IV. Epiphanes." Helms, Dominik: Daniel / Danielbuch, WiBiLex 2018, S. 16.

17 „Die Entstehung des Buches fällt in die Zeit zwischen der berichteten Entweihung des Tempels in Jerusalem durch Antiochus IV. Epiphanes (175–164 v. Chr.; vgl. Dan 11,31) und der Wiederaufnahme des jüdischen Kultes nach der Reinigung des Tempels durch die Makkabäer im Jahr 164 v. Chr." Helms, Dominik: Daniel / Danielbuch, WiBiLex 2018, S. 16.

18 Ebd., S. 16.

19 Gerhard Maier nennt zahlreiche Schriften aus dem 1. und 2. Jahrhundert vor Christus wie die Makkabäerbücher, die Weisheit Salomos, Henoch, Baruch sowie Handschriften aus Qumran. Die gleiche Überzeugung vertraten der Geschichtsschreiber Josephus Flavius (der sogar davon berichtet, dass Alexander dem Großen das Danielbuch gezeigt worden sei und er sich darin selbst erkannte), der Talmud, die Autoren des Neuen Testaments, zahlreiche frühe Kirchenlehrer wie Origenes, Augustin und Hieronymus sowie die Reformatoren Luther und Calvin (In: Der Prophet Daniel, Wuppertal 1990, 3. Aufl., S. 22ff.).

20 von Dobbeler, Stephanie: Makkabäerbücher 1–4, WiBiLex 2006, S. 5.

21 Maier, Gerhard: Der Prophet Daniel, S. 23.

zudem „*nicht als historische Gestalt zu verstehen*", er sei vielmehr „*eine Idealgestalt, die Geschichten um ihn tragen deutlich legendäre Züge.*" Das Hauptargument dafür liegt für den WiBiLex-Autor Dominik Helms in der hohen Präzision der geschichtlichen Darstellung. Hinzu kommen für ihn angeblich fehlerhafte Darstellungen der früheren exilischen Zeit. Innere Widersprüche sowie Spannungen in Theologie, Chronologie, Stil und Sprache würden zudem dagegen sprechen, dass das Buch ursprünglich auf nur einen Autor zurückgeführt werden könnte.

Neu sind diese Argumente nicht. Leider wird ihre Beweiskraft bei Helms aber überhaupt nicht diskutiert, so wie man es eigentlich von einem wissenschaftlichen Werk erwarten würde und wie es z. B. Prof. Gerhard Maier in seinem Daniel-Kommentar für die Wuppertaler Studienbibel ausführlich tut und dabei zu dem Schluss kommt, dass „die Einwände, die gegen die geschichtliche Zuverlässigkeit des Danielbuches vorgebracht werden, nicht durchschlagen."[22] Mehr noch: Maier führt eine lange Liste von Argumenten ins Feld, die stark für die traditionelle Datierung des Daniel-Buchs sprechen. Dazu gehören unter anderem viele historische Detailangaben zum Leben am babylonischen Hof, die sich außerbiblisch gut bestätigt haben. Der Autor des Daniel-Buchs habe „*eine erstaunlich gute Kenntnis der Geschichte des 6. Jahrhunderts vor Christus besessen und sich in oft überraschender Weise als zuverlässig erwiesen.*"[23] Die weite Verbreitung und der große Einfluss des Daniel-Buchs schon im 2. Jahrhundert vor Christus[24] führt Maier zudem zu der Frage: „*Wie soll ein Buch, das selber erst im 2. Jahrhundert erschien, eine so feste und einflussreiche Stellung noch während des 2. Jahrhunderts gewonnen haben?*"[25] Wie ist es gelungen, in der jüdischen Welt innerhalb kürzester Zeit den allgemein akzeptierten Mythos zu erzeugen, es handle sich um ein authentisches, altes Buch eines enorm einflussreichen Propheten, der wie Jesaja oder Jeremia fest zum Kanon der heiligen Schriften gehören muss?

Trotz dieser schwerwiegenden Argumente (die bei Helms leider kaum erwähnt, geschweige denn diskutiert werden) steht heute für die „fast ausnahmslose Mehrheit der deutschen Gelehrten"[26] fest, dass das Danielbuch entgegen allen antiken Bekundungen nicht von Daniel sondern zumindest in wichtigen Teilen aus dem 2. Jahrhundert vor Christus stammt. Woran liegt das? Entscheidend dafür ist für Gerhard Maier die „*schlichte Frage, ob Kapitel 11 echte Zukunftsweissagung sein kann. Diese weltanschauliche Frage, ob Gott einem Propheten eine so genaue Zukunftsvoraussage an die Hand gibt,*

---

22 Ebd., S. 43.
23 Ebd., S. 50.
24 Armin Schmitt datiert eines der acht in Qumran gefundenen Schriftfragmente des Buchs Daniel auf das Ende des 2. Jahrhunderts vor Christus (In: Die Danieltexte aus Qumran und der masoretische Text (M), im Buch Der Gegenwart verpflichtet, Christian Wagner (Hrsg.), Berlin – New York 2000, S. 124). Dominik Helms schreibt zur Übersetzung des Daniel-Buchs ins Griechische: „Die Datierung der Übersetzung muss unsicher bleiben, es ist jedoch an die Mitte des 2. Jhs. v. Chr. und damit nur wenige Jahrzehnte nach dem Abschluss des hebräisch-aramäischen Daniel-Buches ... zu denken." In: Daniel / Danielbuch, WiBiLex 2018, S. 13.
25 Maier, Gerhard: Der Prophet Daniel, S. 52.
26 Ebd., S. 50.

spalt die Forscher und entscheidet letztlich auch über die Datierung des Danielbuches."[27] Anders ausgedrückt: Das wunderkritische Paradigma ist entscheidend für die Verschiebung der Abfassungszeit des Danielbuchs um mehrere Jahrhunderte.

Die Konsequenzen für die Auslegung des Daniel-Buchs sind weitreichend. Schließlich sind Verfasser, Adressaten sowie die historischen und kulturellen Rahmenbedingungen im 2. Jahrhundert vor Christus völlig anders als in der exilischen Zeit Daniels. Außerdem wird mit der Behauptung, die angeblichen Vorhersagen wären erst nach den Ereignissen aufgeschrieben worden, eines der *„zentralen Themen* [des Daniel-Buchs] *diskreditiert, denn die „Vorstellung, dass Gott seinen Knechten seine künftigen Ziele zeigt, gehört zu den Kernpunkten der Theologie des Buches.*"[28] Und nicht zuletzt verliert das Daniel-Buch seinen Hinweischarakter auf Jesus als den verheißenen Messias, der von der traditionellen Theologie ganz selbstverständlich angenommen worden war. Schließlich hat Jesus selbst seine bevorzugte Selbstbezeichnung „Menschensohn" aus Daniel 7,13 entnommen. Trotzdem meint Dieter Zeller im WiBiLex, dass die Rede vom „Menschensohn" in Daniel 7,13 nicht etwa vom Heiligen Geist sondern von *„mythischen Vorstellungen"* inspiriert sei und möglicherweise für einen Engel oder das endzeitliche Israel stünde.[29]

Im Übrigen sei es eine „naive Annahme", dass der historische Jesus sich wirklich mit dem danielischen Menschensohn identifiziert habe. Es sei schließlich „ohne weiteres einsichtig", dass die in den Evangelien enthaltenen Voraussagen auf das Leiden des Menschensohns (z. B. Markus 8,31) „nicht auf den historischen Jesus zurückgeführt werden können."[30] Diese Vorhersagen seien vielmehr erst nachösterlich entwickelt und *„in dessen irdisches Wirken zurückgetragen"* worden,[31] um *„im Nachhinein das Ärgernis des Kreuzestodes, aber auch des Verrats durch Judas"* zu verarbeiten."[32] Auch hier wird das wunderkritische Paradigma deutlich. Und schon hier zeigen sich die weitreichenden Folgen auch für unser Jesusbild und für die Betrachtung der Evangelien, wie das folgende zweite Beispiel noch deutlicher macht:

Wurden die Evangelien vor oder nach der Zerstörung des Tempels verfasst?

Oder anders gefragt: Wie weit sind die Evangelien von den Geschehnissen entfernt und was bedeutet das für ihre Glaubwürdigkeit? Über die traditionelle Sichtweise schreibt Armin Baum: *„Bei allen Divergenzen im Einzelnen stimmen sämtliche altkirchlichen Angaben darin überein, dass die Entstehung und Verbreitung der drei synoptischen Evangelien im zeitlichen Umfeld der römischen Wirksamkeit und*

---

27 Ebd., S. 56.
28 Ebd., S. 57.
29 Zeller, Dieter: Menschensohn WiBiLex 2011, S. 1f.
30 Ebd., S. 5.
31 Ebd., S. 8.
32 Ebd., S. 5.

des römischen Martyriums von Paulus und Petrus erfolgte, also in den 60er Jahren des 1. Jahrhunderts. *Die drei synoptischen Evangelien wurden somit an den Übergang von der Generation der Schüler und Augenzeugen Jesu (30–70 n. Chr.) zur zweiten christlichen Generation datiert.*[33]

Zur heutigen Situation schreibt Christfried Böttrich im WiBiLex: „*Die Datierung des Lukasevangeliums in die Zeit um 90 n. Chr. beruht auf einem breiten Konsens. Von der Zeit der Augenzeugen trennt den Autor schon ein längerer Traditionsprozess.*"[34] Gemäß dem Theologen Andreas Lindemann wird die frühere Überzeugung, dass in den Evangelien Augenzeugen das Leben Jesu verlässlich darstellen, „*seit Jahrzehnten von keinem ernst zu nehmenden Exegeten mehr behauptet.*"[35]

Welche Indizien haben dazu geführt, dass die traditionelle Sichtweise zur Datierung der Evangelien und zu ihrer Eigenschaft als Augenzeugenberichte heute praktisch durchgängig verworfen wird? Armin Baum schreibt: „Aus dem Text der Evangelien selbst lassen sich nur vage Hinweise zu ihrer Entstehungszeit gewinnen. Dass die Apostelgeschichte abrupt mit dem zweijährigen Romaufenthalt des Paulus (60–62 n. Chr.) endet, passt gut zu der Annahme, das lukanische Doppelwerk sei bald darauf veröffentlicht worden." Beeindruckend ist darüber hinaus, dass alle vier Evangelien (ganz anders als die Apokryphen) zahlreiche Merkmale authentischer Augenzeugenberichte aufweisen wie z. B. detaillierte und stimmige Kenntnisse von Orten, Namen, Gebräuchen und weiteren Hintergrundinformationen.[36]

Aber was hat dann zu diesem Umschwung geführt? Armin Baum schreibt: „Als wichtigstes Indiz [für die Datierung der Evangelien] gilt die Endzeitrede Jesu (Mt 24–25 par Mk 13 par Lk 21) mit ihren Aussagen über die Zerstörung des Jerusalemer Tempels und der Stadt Jerusalem."[37] Hier kommt wieder das wunderkritische Paradigma ins Spiel. Wohlgemerkt wird in keinem der Evangelien etwas über die Zerstörung des Tempels im Jahr 70 n. Chr. berichtet, im Gegenteil: Das Neue Testament zeichnet sich in Bezug auf dieses für alle Juden so traumatische Ereignis durch ein geradezu dröhnendes Schweigen aus (so wie es erstaunlicherweise auch zum Tod von Paulus, Petrus und dem Herrenbruder Jakobus kein Wort verliert). Die Endzeitrede Jesu enthält lediglich eine Vorhersage dieses Ereignisses, ohne die Erfüllung auch nur zu erwähnen. Deshalb stehen die Bibelforscher genau wie beim Buch Daniel auch hier vor einer grundlegenden Alternative, die Armin Baum so formuliert: „*Wer es für ausgeschlossen hält, dass Gott, der die Zukunft kennt, seinen Boten gelegentlich einen kleinen Ausschnitt der Zukunft enthüllt, wird die synoptischen Evangelien*

33 Baum, Armin D.: Einleitung in das Neue Testament, S. 913.
34 Böttrich, Christfried: Lukasevangelium / Evangelium nach Lukas, WiBiLex 2014, S. 3.
35 „Ist Jesus den Glauben im Weg?" SPIEGEL-Interview mit Prof. Andreas Lindemann vom 13.12.1999.
36 Eindrücklich zusammengefasst in Williams, Peter J.: glaubwürdig – Können wir den Evangelien vertrauen?, Dillenburg" cvmd 2020. Einige Aussagen Williams dokumentiert auch der AiGG-Artikel „Die Berichte des NT weisen alle Eigenschaften von authentischen Augenzeugenberichten auf".
37 Baum, Armin D.: Einleitung in das Neue Testament, S. 867 u. 913.

frühestens 70 n. Chr. datieren. Wer (wie ich) vom Gottesbild des Alten und Neuen Testaments bzw. von einem offenen Gottesbild ausgeht, wird dem von Irenäus mitgeteilten Zeitfenster, den 60er Jahren des 1. Jahrhunderts, den Vorzug geben."[38]

Während der Theologe David Friedrich Strauß im 19. Jahrhundert immerhin noch diskutierte, ob es sich bei Jesu Endzeitrede um eine echte prophetische Vorhersage, eine natürliche Vorahnung oder eine ihm nachträglich in den Mund gelegte und somit nur angebliche Vorhersage („vaticinium ex eventum"[39]) handelte (er entschied sich aufgrund seines wunderkritischen Paradigmas für Letzteres)[40], wird im WiBiLex-Artikel von Dominik Helms die supranaturalistische Variante nicht einmal mehr erwähnt.[41] Das wunderkritische Paradigma spielt also wie beim Buch Daniel auch bei der Datierung der Evangelien eine entscheidende Rolle.

Was wir dabei noch einmal unbedingt festhalten müssen ist: Niemand kann beweisen, dass es damals keine vorhersehende Prophetie gab. Eine von vornherein („a priori") getroffene Entscheidung, prinzipiell nicht mit Wundern und mit Offenbarung zu rechnen, hat vielmehr philosophischen und dogmatischen Charakter. Diese Entscheidung hat weitreichende Folgen:

Welche Konsequenzen hat das wunderkritische Paradigma?

Die Tabelle 1 zeigt: Ein prinzipieller Ausschluss von Offenbarung und Wundern in der bibelwissenschaftlichen Methodik hat eine starke Verengung der Sicht auf die Bibel zur Folge. Das führt zu schwerwiegenden Verlusten:

» **Der Verlust des biblischen Selbstanspruchs:** Die Bibel behauptet von sich selbst an vielen Stellen, von Gottes Geist inspiriert zu sein und einen zeitübergreifenden Wahrheitsanspruch zu besitzen (z. B. 2. Timotheus 3, 16). Wer aber prinzipiell nicht mit realen Offenbarungsereignissen rechnet, kann auch diesen biblischen Selbstanspruch nicht in Betracht ziehen. Er muss die Bibel zwangsläufig als Menschenwort mit dem Denk- und Erkenntnishorizont der damaligen Zeit ansehen.

---

38 Ebd., S. 914.
39 „Der Begriff „vaticinium ex eventu" „Weissagung vom Ausgang her" bezeichnet die fingierte Weissagung eines bereits eingetretenen Ereignisses." Helms, Dominik: Vaticinium ex eventu WiBiLex 2019, S. 1.
40 Baum, Armin D.: Einleitung in das Neue Testament, S. 879.
41 „Während manche Exegeten davon ausgehen, dass sich Jesu Rede von der Zerstörung des Tempels der gegenwärtigen Kriegserfahrung im jüdischen Krieg verdankt, in der mit einer Zerstörung des Tempels zu rechnen war, und daher einen echten Ausblick in die Zukunft annehmen, betrachten andere Ausleger die Aussagen als Rückblick auf die bereits erfolgte Zerstörung des Tempels und damit als vaticinium ex eventu." Helms, Dominik: Vaticinium ex eventu WiBiLex 2019, S. 4.

» **Der Verlust der historischen Glaubwürdigkeit:** Daniel war ein Augen-
zeuge der im Buch Daniel berichteten Ereignisse. Ein nachexilischer Autor
hingegen konnte sich nur noch auf Überlieferungen stützen, die über Generationen weitergegeben und eingefärbt wurden. Der Text verliert somit
seine Nähe zu den Geschehnissen und die besondere Glaubwürdigkeit eines
Augenzeugenberichts. Das gilt auch für die Evangelien, wenn sie wegen
der in ihnen enthaltenen Vorhersagen auf die Zeit nach der Zerstörung des
Tempels im Jahr 70 n. Chr. datiert werden müssen und man ihnen deshalb
unterstellt, dass die Berichte durch nachösterliche Legenden- und Gemeindebildung angereichert und gefärbt wurden. Die Annahme nachträglich ein-
gefügter Prophetien legt zudem nahe, dass die Autoren sich viel kreative
Freiheit beim Schreiben ihrer Texte herausnahmen. Auch die enthaltenen
Wunderberichte können unter dem wunderkritischen Paradigma nicht als

Paradigma / außerwissen- schaftliche Vorent- scheidung	Gott kann durch Wunder und Offenbarung in die Geschichte eingreifen.	Wunder und Offenbarung sind grundsätzlich nichts, womit in der bibelwissen- schaftlichen Praxis gerechnet werden darf.
Konsequenz für das Wesen der biblischen Texte	Die Bibel kann in ihrem Selbstanspruch als Men- schen- und zugleich als offenbartes Gotteswort ernst genommen werden und somit auch echte Zeugnisse von vorhersagender Pro- phetie enthalten.	Mit einem Beitrag von Offen- barung und vorhersehender Prophetie zur Entstehung der biblischen Texte kann grund- sätzlich nicht gerechnet werden. Die Bibel ist somit primär als Menschenwort mit dem Denk- und Erkennt- nishorizont der damaligen Zeit anzusehen.
Konsequenz für den Horizont biblischer Aussagen	Die Aussageabsicht und ein eventueller zeit- und kultur- übergreifender Geltungs- anspruch kann offen geprüft werden, auch wenn das den Horizont dessen übersteigt, was Menschen damals wissen und verstehen konnten.	Aussageabsichten, die über den natürlich-menschlich denkbaren Horizont hinaus- gehen (z. B. ein Christus- zeugnis im Alten Testament oder ethische Aussagen mit zeit- und kulturübergrei- fender Gültigkeit) sind prin- zipiell undenkbar.

| Konsequenz für die Datierung und die Aussageabsicht der Texte | Die biblischen Selbstauskünfte zur Textdatierung können auch dann in Betracht gezogen werden, wenn der Text Informationen enthält, die dem Autor zu dieser Zeit noch nicht zur Verfügung standen. Durch Prüfung weiterer historischer und textlicher Indizien können die biblischen Angaben zur Textentstehung offen geprüft werden. Texte mit Vorhersagen zu Ereignissen, die tatsächlich geschehen sind, können prinzipiell erst nach dem Ereignis datiert werden. Entsprechend verändert sich das historische Umfeld, die Aussageabsicht des Textes, die Nähe der Autoren zu den Geschehnissen und die Glaubwürdigkeit der Überlieferung. | Konsequenz für die Textgattung Die Gattungsfrage kann offen anhand der Textmerkmale geprüft werden, weil mit der geschichtlichen Tatsächlichkeit von Wundern und vorhersagender Prophetie gerechnet werden kann. Wunderhafte ("mirakulöse") Texte werden prinzipiell nicht als "historisch" im wissenschaftlichen Sinn angesehen. Auch wenn der Text viele historische und geografische Angaben enthält und innerbiblisch historisch ernst genommen wird, wird dem Text unterstellt, dass er entweder die Ereignisse nicht korrekt wiedergibt oder dass er nie die Absicht gehabt habe, die Ereignisse korrekt darzustellen, weil es ihm nur um die theologische Botschaft ginge.[42] |

Tabelle 1: Unterschiedliche Perspektiven und Herangehensweisen an die biblischen Texte unter einem offenen bzw. unter einem wunderkritischen Paradigma

"historisch" im wissenschaftlichen Sinn angesehen werden – auch dann nicht, wenn sie historische und geografische Angaben enthalten und innerbiblisch historisch ernst genommen werden. Stattdessen muss dem Autor prinzipiell unterstellt werden, dass er die Ereignisse entweder falsch dargestellt hat oder dass es ihm – unabhängig von den Anzeichen im Text – nicht um die Darstellung eines historischen Ereignisses gegangen sei.

» **Der Verlust der ursprünglichen Aussageabsicht:** Mit der Verschiebung der Abfassungszeit ändert sich auch die von der Autorenschaft beabsichtigte Aussage des Textes, weil der spätere Autor andere Adressaten vor Augen hat und vor dem Hintergrund eines völlig anderen politischen und kulturellen Umfelds schreibt. Unter dem wunderkritischen Paradigma wird die Aussageabsicht

---

42 So behauptet z. B. Gerhard Karner pauschal: "Fundamentalistische Exegese verkennt [...], dass Wundererzählungen keine Tatsachenberichte sind und auch nicht sein wollen." In: Wunder / Wundergeschichten (AT), WiBiLex 2014; S. 6.

zudem immer auf das natürlich-menschlich Denkbare reduziert. Gewollte Vorhersagen zukünftiger Ereignisse oder ein Christuszeugnis des Alten Testaments (wie von Jesus z. B. in Lukas 24,27 behauptet) ist im wunderkritischen Paradigma ebenso wenig denkbar wie eine gottgelenkte „Heilsgeschichte" oder ein zeit- und kulturübergreifender Wahrheitsanspruch in ethischen Fragen (also z. B. eine „Schöpfungsordnung").

» **Der Verlust innerbiblischer Begründungszusammenhänge:** Eingetroffene Vorhersagen werden in der Bibel häufig als Zeichen göttlicher Autorität verwendet (z. B. Jesaja 41,21–29; 42,9; 46,9–10). Das Neue Testament untermauert die Messianität Jesu an zahlreichen Stellen mit eingetroffenen Vorhersagen. Ausleger, die nicht mit vorhersagender Prophetie rechnen können, sind gezwungen, dieser bibeleigenen Argumentation den Boden zu entziehen, indem eingetroffene Vorhersagen entweder als nachträglich eingefügt gelten müssen oder indem vermutet werden muss, dass Erzählberichte (wie z. B. Jesu Geburt in Bethlehem) an biblische Vorhersagen (wie z. B. Micha 5,1) angepasst wurden.[43] Wer nicht mit historischen Wundern rechnet, kann zudem der zentralen Argumentation des Johannesevangeliums nicht folgen, dass die Wunder „Zeichen" für die Gottessohnschaft Jesu seien (Johannes 20, 30f.).

» Besonders gravierend für die Kirche Jesu ist der Umstand, dass mit dem **Verlust der Augenzeugenqualität der Evangelien** auch unser Jesusbild unsicher wird. Die Frage nach dem historischen Jesus ist ohne Zweifel höchst bedeutsam für den christlichen Glauben.[44] Worauf soll sich die Lehre der Kirche beziehen und woran soll sich der Glaube orientieren, wenn nicht klar ist, was der Herr der Kirche wirklich verkündigt und vorgelebt hat?

---

43 „Der Fokus der Darstellung des Lebens Jesu nach Lukas ist also das davidische Umfeld der Herkunft Jesu; deswegen wird seine Geburt in Davids Heimatstadt situiert, ohne dass die Bethlehem-Verheißung Mi5,1 explizit eingespielt würde." Faßbeck, Gabriele; Schmitz, Barbara: Bethlehem WiBiLex 2007/2011, S. 5 u. 6.

44 „Der Christ, der in dem Zeugnis der Apostel die Botschaft vom auferstandenen Herrn Jesus Christus vernimmt und ihr Glauben schenkt, begegnet in dieser Botschaft der Behauptung, dass der auferstandene Herr derselbe ist wie der Mensch von Nazareth, mit dem ein Teil der Auferstehungszeugen während seiner irdischen Wirksamkeit zusammen gewesen war. Der Glaube ist darum, wenn er sich über sein Wesen Rechenschaft ablegen, d. h. theologisch nachdenken will, an der Frage brennend interessiert, ob und inwieweit zwischen dem Bild, das er von Jesus Christus aufgrund der apostolischen Verkündigung hat, und der geschichtlichen Wirklichkeit dieses Jesus, auf den sich der Glaube zurückbezieht, eine Übereinstimmung besteht oder nicht. Die Person und die Verkündigung Jesu sind ja die Voraussetzung für das Bekenntnis zum Auferstandenen und für die Predigt der Gemeinde." Kümmel, Werner Georg: Die Theologie des Neuen Testaments nach seinen Hauptzeugen Göttingen 1987, 5. Aufl., S. 22f.

Da viele theologische Aussagen der Bibel auf der Geschichtlichkeit von Wundern und Vorhersagen aufbauen[45], hat der Verlust der historischen Glaubwürdigkeit zudem weitreichende Auswirkungen auf das Verständnis der biblischen Botschaften. Das reicht hinein bis in die allerzentralsten Glaubensaussagen des Christentums: Wer in seiner Forschungsarbeit nicht mit Wundern und Offenbarung rechnen kann, muss auch von der Menschlichkeit Jesu von Nazareth ausgehen – und kann deshalb im Kreuzestod nur schwer ein stellvertretendes Opfer sehen, das dann ja ein grausames Menschenopfer wäre. Eine Auslegungsmethodik, die nicht mit Wundern und Offenbarung rechnen kann, mündet deshalb – konsequent zu Ende gedacht – in ein anderes Evangelium.

Drei verschiedene Grundhaltungen

Im Ergebnis zeigt sich, dass die Bibelwissenschaft auf mindestens drei verschiedenen grundlegenden Paradigmen aufbauen kann:

» **Im geschlossenen wunderkritischen Paradigma** wird zumindest in der bibelwissenschaftlichen Praxis grundsätzlich nicht mit Wundern und Offenbarungsereignissen im historischen Sinn gerechnet.

» **Ein offenes Paradigma** hält Wunder und Offenbarungen für möglich. Somit kann anhand weiterer Indizien offen geprüft und ein Wahrscheinlichkeitsurteil darüber gefällt werden, inwieweit bibeleigene Aussagen zu Autor, Datierung, Adressaten, Gattung usw. zutreffen oder nicht. Dies kann in einer eher vertrauensvollen oder eher skeptischen Haltung erfolgen.

» **Das bibeleigene Paradigma** sieht in den biblischen Texten (nach textkritischer Klärung[46]) ein vom Heiligen Geist inspiriertes Menschen- und Gotteswort und begegnet ihnen deshalb grundsätzlich in einer Haltung der Demut, der Ehrfurcht und des Vertrauens statt in einer Haltung des Zweifels und der Kritik. Bei aller Hochschätzung der Vernunft wird unter diesem Paradigma immer die Schrift und die von der großen Auslegungsgemeinschaft der Kirche daraus entnommenen Aussagen (Bekenntnisse) das letzte Wort haben (Sola Scriptura). Scheinbare Widersprüche in der Bibel werden dann nicht als Ausdruck der Zeitbedingtheit biblischer Aussagen und eines sich wandelnden Gottes- und Menschenbilds angesehen. Die Bibel wird vielmehr als eine sich selbst auslegende Einheit begriffen, in der es keine sich einander ausschließende Gegensätze sondern sich gegenseitig ergänzende Pole und innerbiblisch begründete Entwicklungen in der Heilsgeschichte gibt.

---

45 Ausführlich erläutert in Till, Markus: Streit um das biblische Geschichtsverständnis, AiGG-Blog 2018.

46 Die „Textkritik" versucht, die Urschrift des biblischen Textes möglichst genau zu rekonstruieren.

Ausgrenzung statt Wettbewerb

Wenn derart verschiedene Ansätze zum Verstehen eines Forschungsgegenstands im Raum stehen, dann sollte es normalerweise einen wissenschaftlichen Wettbewerb geben, in dem geprüft und verglichen wird, welcher Denkansatz bessere, schlüssigere Ergebnisse liefert und dem Forschungsgegenstand somit offenkundig besser gerecht wird, um daraus Rückschlüsse auf das Wesen des Forschungsgegenstands ziehen zu können. In der Praxis geschieht das aber leider nicht. Die Realität wird von Uwe Zerbst vielmehr so beschrieben: *„Das jeweils andere Paradigma sehen sie [also Vertreter eines bestimmten Paradigmas] in der Regel nicht als gleichberechtigte Wissenschaft an, so dass die wissenschaftliche Auseinandersetzung fast nur im Rahmen des jeweils eigenen Paradigmas stattfindet."*[47]

Das trifft zumindest im deutschsprachigen Raum sowohl in den Bibelwissenschaften als auch in der biologischen Ursprungsforschung zu. In beiden Feldern ist die Grundannahme, dass in der wissenschaftlichen Arbeit grundsätzlich nicht mit göttlichem Wirken gerechnet werden darf, so vorherrschend, dass andere Ansätze nicht als wissenschaftlich anerkannt oder ernst genommen werden. Die Gleichsetzung von „Wissenschaft" mit der Selbstbeschränkung auf natürliche Ursachen gilt vielfach sogar als derart selbstverständlicher „Common Sense" wissenschaftlichen Arbeitens, dass die dahinter stehende philosophische Grundentscheidung kaum noch thematisiert wird und auch vielen Bibelwissenschaftlern nur noch wenig bewusst ist. Zerbst schreibt treffend: *Ein neu einsteigender Wissenschaftler wächst „von Beginn an in das Paradigma ‚hinein', das er –‚wenn überhaupt – zumeist nur unkritisch reflektiert."*[48]

Entsprechend gibt es heute an den deutschsprachigen theologischen Fakultäten fast keine evangelikalen Professoren mehr.[49] Der evangelikale Theologe Christoph Raedel berichtet gar von einer „Ekelschranke" in Bezug auf evangelikale Theologie. Auch im WiBiLex werden die „schärfsten Kritiker" des wunderkritischen Paradigmas nur außerhalb der Hochschulen verortet, und zwar in der „pietistischen Bewegung", in „fundamentalistischen Strömungen", in „evangelikalen landeskirchlichen und freikirchlichen Frömmigkeitsformen in Württemberg, Baden, Oberhessen, im Siegerland, in Wittgenstein, im Ruhrgebiet, in Ostwestfalen, der Lüneburger Heide bis hin nach Bremen". Sie werden als Menschen charakterisiert, die „fröhlich den Gottesdienst [feiern] mit über Beamer an die Wand projizierten

---

47 Zerbst, Uwe: Die Bibel vor der Wahrheitsfrage, S. 17.
48 Ebd., S. 16f.
49 Dazu 2 Schlaglichter: Siegfried Zimmer berichtet im Hossa Talk: „An den Universitäten gibt es so gut wie keine evangelikalen Theologen. Ich kenne selber vielleicht 2 oder 3 von 2000." (ab 23.32). 2020 hat das komplette Kollegium der theologischen Fakultät in Tübingen gemeinsam einen offenen Brief unterzeichnet, in dem die evangelikale Position, dass praktizierte Homosexualität nicht mit dem biblischen Befund vereinbar ist, als „diskriminierend" bezeichnet wurde. Es sei „unerträglich, wenn Ansichten, die eine solche Diskriminierung unterstützen, bis heute in der evangelischen Kirche vertreten werden."

Liedern sowie Bibelsprüchen", „zugleich fest an die supranaturale ‚Geister- und Wunderwelt des Neuen Testaments' glauben" und mit dem „logischen Widerspruch" zu ihrer wunderfreien Alltagserfahrung „existenziell gut leben zu können glauben", die aber „angesichts des Paradoxes sensibel sind" – weshalb auch das Gesprächsklima verbesserungsbedürftig sei.[50]

Ein spaltendes Narrativ

Das Gesprächsklima ist in der Tat problematisch, aber nicht nur wegen den angeblich sensiblen Evangelikalen, sondern auch wegen der zunehmenden Verbreitung eines völlig falschen und spaltenden Narrativs, das sich in etwa so wie in Tabelle 2 beschreiben lässt.

Dieses Narrativ transportiert einen sachlich völlig unangebrachten[51] akademischen Überlegenheitsgestus, der viele Evangelikale verunsichert und bei Nichtevangelikalen die Sorge fördert, dass das Christentum untergehen wird, wenn es sich dieser „Wissenschaftlichkeit" verschließt und stattdessen in einer als peinlich empfundenen Naivität und Wissenschaftsfeindlichkeit verharrt. Infolgedessen werden Evangelikale nicht etwa als interessante Gesprächspartner auf Augenhöhe sondern als Gefahr für das Ansehen der theologischen Ausbildungsstätten und der Kirche empfunden. Wo immer dieses Narrativ Fuß fasst, treibt es deshalb zwangsläufig einen tiefen Keil in Gruppen und Gemeinden.

Das gilt leider zunehmend auch für den Bereich der Freikirchen und der Evangelikalen, wie der wachsende Einfluss der Internetmediathek „Worthaus" beispielhaft zeigt.[52] Auch dort klingt das abwertende Narrativ über evangelikale Theologie immer wieder an, während zugleich die universitäre Bibelwissenschaft als besonders vorurteilsfrei dargestellt wird.[53]

---

50 Pöttner, Martin: Entmythologisierung (NT) WiBiLex 2014, S. 9f.
51 In der Übersichtsdarstellung „Historische Kritik in den Bibelwissenschaften: Anspruch und Wirklichkeit" fasst Pfr. Dr. Stefan Felber zusammen, warum das Narrativ von der wissenschaftlichen Überlegenheit nicht überzeugen kann: Die unübersichtliche Hypothesenvielfalt entlarvt faktischen Subjektivismus statt Objektivität. Statt Neutralität dominiert ein Immanentismus, in dem Gottes Wirken methodisch ausgeschlossen wird. Statt einer offenen Suche nach Verstehen des biblischen Eigeninteresses kommen wesentliche Aussageabsichten (wie z.B. das Christuszeugnis des AT) grundsätzlich nicht in Frage. Die Geschichtlichkeit der biblischen Texte wird auf säkulare Historie reduziert, die göttliche Heilsgeschichte bleibt außen vor. Die Widersprüchlichkeit der Texte ist das vorausgesetzte Bild, von dem die sezierenden Methoden zehren. Im Ergebnis werden nicht etwa falsche Sicherheiten sondern das Wort Gottes insgesamt aufgegeben, so dass der Glaube nicht frei wird sondern selbstreferenziell. „Die Gemeinde hat dann nur sich selbst als Gegenüber, wird im strengen Sinne gott-los."
52 Siehe dazu Till, Markus: Worthaus – Universitätstheologie für Evangelikale? AiGG Blog 2017.
53 Siehe die Erläuterungen zum Worthausvortrag „Die Nachfolge – Wie kann man heute an Jesus Christus glauben?" von Thorsten Dietz in: Till, Markus: Quo vadis Worthaus? Quo vadis Evangelikale Bewegung AiGG-Blog 2020.

Evangelikale Theologie	Akademische Bibelwissenschaft
basiert auf Glauben	basiert auf objektiver Wissenschaft
voraufklärerisch / prämodern	aufgeklärt / auf der Höhe der Zeit
nimmt die Bibel „wörtlich"	ordnet die biblischen Aussagen in den historischen Kontext ein
ist eine spezielle, dogmatisch verengte Brille, die nicht gesprächsfähig ist im wissenschaftlichen Diskurs	befreit sich selbst von allen Brillen und Vorurteilen, ist undogmatisch und ist deshalb zu wissenschaftlichem Diskurs fähig
schottet sich ab vor Fakten, die nicht ins eigene Schema passen	geht intellektuell redlich und offen mit allen verfügbaren Fakten um
„fundamentalistisch"	liberal und weltoffen

Tabelle 2: Ein leider weit verbreitetes Narrativ zu den angeblichen Defiziten von evangelikaler Theologie

Evangelikale Theologen: Christen brauchen eure Ermutigung!

Umso dringender hat die evangelikale Theologie heute die extrem wichtige Aufgabe, selbstbewusst und profiliert öffentlich zu ihren eigenen Grundlagen zu stehen. Sie darf und muss die dogmatischen und philosophischen (und somit aus gutem Grund anzweifelbaren) Grundlagen der wunderkritischen Theologie offenlegen. Sie muss zeigen: Es geht hier nicht um eine Auseinandersetzung zwischen Glaube und Wissenschaft sondern um die Konkurrenz verschiedener Paradigmen _ wobei das wunderkritische Paradigma grundsätzlich nicht zum biblischen Selbstanspruch passt. Sie darf und muss darauf hinweisen, dass die Anwendung des wunderkritischen Paradigmas keinen sich immer mehr verfestigenden neuen Blick auf die Bibel hervorgebracht hat sondern im Gegenteil „eine schier unübersehbare Fülle unterschiedlicher Hypothesen zur Textentstehung", was „die Spannung zwischen der Anwendung vermeintlich objektiver Methoden und dem subjektiven Urteil des jeweiligen Auslegers" eindrücklich aufzeigt[54]. Die wunderkritisch geprägte Bibelwissenschaft ist also offenkundig gar nicht so objektiv, wie es oft dargestellt wird.

---

54   Vette, Joachim: Bibelauslegung, historisch-kritische (AT), WiBiLex 2008, S. 9.

Wenn es tatsächlich stimmt, dass die biblischen Texte einen Offenbarungscharakter haben (wofür sich zahlreiche gute Sachargumente anführen lassen[55]), dann muss eine Theologie, die aus Prinzip nicht mit Wundern und Offenbarung rechnet, natürlich zwangsläufig zu völlig falschen Ergebnissen führen, weil ihre Methodik dann dem Forschungsgegenstand nicht gerecht wird. Es ist deshalb weder unwissenschaftlich, prämodern, dogmatisch verengt, intellektuell unredlich, naiv oder weltfremd sondern im Gegenteil vernünftig und (wissenschaftlich) gut begründbar, am Offenbarungscharakter der Bibel, an ihrer Botschaft von den historisch geschehenen Wundern und an der Realität von vorhersagender Prophetie festzuhalten, die Bibel in ihrem Selbstanspruch ernst zu nehmen und sie als Gottes Wort und Maßstab der Kirche hochzuhalten.

Danke an Dr. Berthold Schwarz, Dr. Stefan Felber (www.stefan-felber.ch), Martin P. Grünholz, Dr. Markus Widenmeyer sowie Paul Bruderer für alle Anregungen, Hinweise und Korrekturen zu diesem Artikel.

Dr. Markus Till lebt in Weil im Schönbuch, ist Kirchengemeinderat der örtlichen Kirchengemeinde, Autor eines Glaubenskurses und Blogger www.aigg.de. Er ist promovierter Biologe und arbeitet als leitender Verwaltungsmitarbeiter einer großen Klinik. Er veröffentlichte 2019 das Buch „Zeit des Umbruchs – Wenn Christen ihre evangelikale Heimat verlassen, SCM R. Brockhaus. Er ist Mitglied in der Fortsetzungsgruppe des Netzwerks Bibel und Bekenntnis.

---

55 Siehe dazu Till, Markus: 10 Gründe, warum es auch heute noch vernünftig ist, der Bibel zu vertrauen, AiGG-Blog 2017.

Tobias Eißler
Ein neuer Segen, ein neuer Gott!

Ein Kommentar aus gegebenem Anlass

Eine Vorbemerkung des Herausgebers zur Einordnung des Kommentars von Dr. Tobias Eißler: Im Juni 2017 beschloss der Deutsche Bundestag die Einführung des Rechts auf Eheschließung für Personen gleichen Geschlechtes. Der Bundestag beschloss zugleich: „Die Rechte der Kirchen und Religionsgemeinschaften bleiben von dieser gesetzlichen Neuregelung unberührt." Der Rat der Evangelischen Kirche in Deutschland begrüßte allerdings die neue Definition von Ehe schon einen Tag vor der Entscheidung des Bundestages. Die meisten evangelischen Landeskirchen haben inzwischen Segnungen oder kirchliche Trauungen gleichgeschlechtlicher Paare eingeführt. Die Synode der Evangelischen Kirche in Württemberg tat sich schwer, weil es im landeskirchlichen Pietismus starken Widerstand gab und gibt. Schließlich wurde ein Kirchengesetz mit der notwendigen Zweidrittelmehrheit verabschiedet, dass zwar Segnungsgottesdienste aus Anlass ziviler Eheschließungen gleichgeschlechtlicher Paare ermöglicht, aber diese Partnerschaften nicht als Ehen anerkennt. Dazu der nachstehende Kommentar von Dr. Tobias Eißler aus aktuellem Anlass. U. P.

Das evangelische Gemeindeblatt meldet (21/2020, 29, epd): „Erste öffentliche Segnung. Zum ersten Mal wird ein gleichgeschlechtliches Paar in der Landeskirche gesegnet. Wie der Ev. Kirchenkreis Stuttgart mitteilte, handelt es sich um zwei Männer, die bereits standesamtlich verheiratet sind. Der Gottesdienst soll am 24. Mai in der Stuttgarter Leonhardsgemeinde stattfinden."

Die Stuttgarter Zeitung berichtet (Online, 21. Mai 2020, 15:37 Uhr): „Nun steht am Sonntag (10:00 Uhr) zum ersten Mal ein gleichgeschlechtliches Paar in der Ev. Landeskirche in Württemberg vor dem Altar, um sich in einem öffentlichen Gottesdienst segnen zu lassen. Die beiden Männer sind bereits zivil verheiratet. ‚Wir wünschen uns für unsere Ehe den Segen Gottes, denn das ist uns beiden wichtig', zitiert die Landeskirche das schwule Paar."

Eine Homo-Ehe wird gesegnet? Einem schwulen Paar wird die Gnade Gottes zugesprochen? Nach der Ordnung der Landeskirche findet genau dies nicht statt. Die „Handreichung für Gottesdienste anlässlich der bürgerlichen Eheschließung zwischen zwei Personen gleichen Geschlechtes", vom Oberkirchenrat im November 2019 herausgegeben, geht davon aus, dass der Begriff „Ehe" nicht anwendbar ist auf homosexuelle Zweierschaften (20).

Nach biblischem Sprachgebrauch ist die „Ehe" eine Verbindung zwischen einem Mann und einer Frau. Die Kirche kann an dieser Stelle aufgrund ihrer Bindung an das Bekenntnis nicht dem Staat folgen, der den traditionell-biblischen Begriff ausgeweitet hat (Schlagwort: „Ehe für alle"). Ferner bestimmt die Handreichung folgendes: „Die Gottesdienstliturgie zeichnet sich dadurch aus, dass der Gottesdienst nicht dem Paar gilt, sondern den beiden Individuen, die sich zu einer lebenslangen Verbindung zusammenschließen." (22)

Dementsprechend wird im Eingangsgebet der Anlass der Paarbindung nicht benannt. (23) Bei der Segnung des Paars „entfällt der Bezug auf den Ehebund". „Die beiden Menschen werden – analog zur Konfirmation... individuell gesegnet. Die Formulierung ist traditionell, da es sich um eine Individualsegnung handelt." (25) Der jeweils einzelne Partner wird mit Gott in Verbindung gebracht. Die Partnerschaft als solche wird konsequent ausgeblendet. Nach dem Maßstab dieser Vorgabe ist die epd-Meldung unzutreffend, dass ein Paar gesegnet werden würde. Dem Wunsch des schwulen Paars nach dem Segen für seine Ehe wird nach der Ordnung der Landeskirche nicht entsprochen.

Sollte die Kirchenleitung ihre Gottesdienstordnung ernst nehmen, müsste sie jetzt eine Richtigstellung veröffentlichen. Diese Richtigstellung wird vermutlich nicht erscheinen. Warum nicht? Weil kein Mensch sie versteht, kein Journalist, kein Zeitungsleser, aber auch kaum ein Gemeindepfarrer. Es ist unbegreiflich, wie man auf die Idee kommen kann, dass ein bürgerlich verheiratetes bzw. verpartnertes Männerpaar oder Frauenpaar, das feierlich in die Kirche einzieht und zum Segen vor dem Altar niederkniet, nicht als Paar gesegnet wird, sondern dass jetzt angeblich zwei Einzelpersonen das Wohlgefallen und das Wohltun Gottes zugesprochen wird. Die liturgische Handlung widerspricht einer liturgischen Theologie, die den diamantenen Widerspruch der Heiligen Schrift gegen eine „Homo-Ehe" mit einer Gottesdienstform zu verbinden sucht, die gerade eine solche „Homo-Ehe" voll und ganz bestätigt, wie das der gesellschaftliche Mainstream einfordert und mit jedem Tag intoleranter gegenüber jeder abweichenden Meinung durchsetzt.

Feuer und Wasser –lässt sich schlecht verbinden. Dass die angebliche Segnung von Einzelpersonen sicherlich als Segnung eines Homo-Paars aufgefasst wird, wurde vorausgesagt in der alternativen Handreichung des württ. Arbeitskreises für Bibel und Bekenntnis („Was Gott nicht segnet, kann die Kirche nicht segnen" 2020, 15–19; siehe: www.confessio-wue.de): „Die These von der Einzelsegnung ist abwegig." Diese Voraussage bestätigen jetzt die zitierten Meldungen der Medien. Segnet Gott alles, was Menschen für segenswürdig halten? Segnet er Partner ohne Eheschluss, die sich für das Thema Segen nicht von ferne interessieren? Segnet er Ehegemeinschaften mit mehreren Frauen? Segnet er offene Ehen, in denen die Untreue von vornherein abgesprochen ist?

Das Alte Testament schildert immer wieder die Hinwendung des Volkes Israel zu den Baalen, zu den Naturgöttern, die alles absegneten, was der Befriedigung menschlicher Bedürfnisse diente. Der Prophet Elia rief denen, die neben dem HERRN auch ihre vergötterten Bedürfnisse anbeteten, zu: „Wie lange hinket ihr auf beiden Seiten? Ist JAHWE Gott, so wandelt ihm nach, ist's aber Baal, so wandelt ihm nach." (1Kön18,21) Der Apostel Paulus warnt davor, dass Menschen unter Gott einen Lebensstil nach „dem Fleisch", also: nach ihren menschlichen Vorstellungen praktizieren. Wer zu Gott gehören möchte, muss sich mit den Vorstellungen Gottes von dem Guten, Reinen und Hilfreichen anfreunden. „Täuscht euch nicht! Gott lässt keinen Spott mit sich treiben. Denn was der Mensch sät, das wird er auch ernten. Wer auf den Boden seiner irdischen Gesinnung sät, wird aus seiner Gesinnung Verderben ernten. Aber wer auf den Boden des Heiligen Geistes sät, wird aus dem Geist das ewige Leben ernten." (Gal 6,7f Basisbibel)

Demnach segnet Gott nicht alles, was Menschen für richtig und segenswürdig halten. Legt man ihm diesen Segen dennoch in den Mund, wird der Gottesdienst zum Götzendienst. Es spricht nicht mehr JAHWE, der Lebendige. Sondern Baal, die menschliche Gottes-Projektion. „Über die beiden großen Urchristentumsforscher, den Liberalen Adolf von Harnack (1851–1930) und den Konservativen Adolf Schlatter (1852–1938), wird Folgendes erzählt: ‚Als Harnack im Kreise der Fakultätsangehörigen erklärte: ‚Vom Kollegen Schlatter unterscheidet mich nur die Wunderfrage!' … (rief) Schlatter daraufhin temperamentvoll dazwischen: ‚Nein, die Gottesfrage!'" (Rainer Riesner, Messias Jesus, Gießen 2019, 165) Es geht in der Segnungsfrage nicht um eine Nebenfrage. Sondern um die Frage nach dem innersten Wesen, Willen und Wohlgefallen des lebendigen Gottes.

Der neue Segen weist hin auf einen neuen Gott, einen „Baal 2020". In der Stuttgarter Leonhardskirche predigte einst Ludwig Hofacker (1798–1828). Die Menschen wanderten von weither herbei, um in der überfüllten Kirche den „Schrei für Jesus" dieses jungen Mannes zu hören. Was würde Ludwig Hofacker am 24. Mai 2020 tun? Vielleicht würde er zur Kirche hinausgehen, niederknien und weinen.

Dr. Tobias Eißler ist evangelischer Pfarrer in Ostfildern-Ruit. Er ist Vorsitzender der Pfarrerarbeitsgemeinschaft Confessio e. V. und des Arbeitskreises Württemberg des Netzwerks Bibel und Bekenntnis sowie Mitglied in der Fortsetzungsgruppe dieses Netzwerks.

☐ https://www.bibelundbekenntnis.de/ak-wuerttemberg/ein-neuer-segen-ein-neuer-gott-kommentar-aus-aktuellem-anlass-von-dr-tobias-eissler/

☐ http://www.confessio-wue.de/filead min/confessio-wue/data/pdf/Ein_neuer_Segen.pdf

Ulrich Parzany
Retterliebe, nicht Rechthaberei!

Das Ringen um die Autorität der Bibel

Leider teilen nicht alle Christen im Land die Begeisterung über unser Netzwerk Bibel und Bekenntnis. Auch nicht alle, mit denen ich lange, gut und gern zusammengearbeitet habe. Manche sagen: Das hört sich so nach Streit an. Und auch nach Rechthaberei. Wir sind heute daran gewöhnt, dass jeder seine eigene Wahrheit haben kann. Das nennt man Postmodernismus. Wir haben eine tiefe Sehnsucht nach Harmonie, die ich teile. Es gibt zu viel Streit.

Muss diese Auseinandersetzung eigentlich sein? Tut uns das gut? Hat das nicht nur negative Wirkungen? Also fragen wir zuerst:

1   Warum dieses Thema?

Wir sind als Jesus-Nachfolger überzeugt: Das Evangelium ist die gute Nachricht von Gottes Liebe für alle Menschen. Alle sollen das hören. Das hat Jesus ausdrücklich gesagt. Und wer Jesus folgt, hat teil an dieser Sehnsucht und wird von dieser Liebe getrieben. „Gott will, dass alle Menschen gerettet werden und zur Erkenntnis der Wahrheit kommen." (1. Timotheus 2,4) Das ist unser Anliegen.

Es wäre gut, wenn wir diese Botschaft gemeinsam, einladend und überzeugend weitersagen. Einerseits ist die Vielzahl der Gemeinden in einer Region ein Reichtum. Andererseits hapert es nicht selten aber auch an Zusammenarbeit. Wir würde sicher mehr Menschen mit dem Evangelium erreichen, wenn wir von Herzen zusammenarbeiten könnten. Eigentlich wollen wir das ja auch.

Streitereien schwächen die Gemeinsamkeit. Streitereien schrecken die Eingeladenen ab. Darum sagen viele: Wenn ihr mit eurem Netzwerk die Kontroversen schürt, dann schwächt ihr unser gemeinsames Zeugnis. Dieses Argument trifft mich sehr tief. Ich möchte, dass das Evangelium unter die Leute kommt. Ich habe viele Jahre dafür gearbeitet, dass Gemeinden in der Evangelisation zusammenarbeiten. Ich weiß daher auch, wie schwer es ist, Christen und Gemeinden verschiedener Prägung zusammenzubringen. Ja, wir haben Unterschiede. Aber lasst uns den Menschen zu erkennen geben, dass bei aller Verschiedenheit Jesus, der Gekreuzigte und Auferstandene, unsere gemeinsame Leidenschaft ist. Darum verstehe ich die Kritik der Leute, die meinen, dass wir mit unserem Netzwerk nur die Streitereien schüren.

Leider gibt es auch ohne unser Zutun viel Streit unter Christen.

2   Worüber Christen streiten

Wir sind uns über die Art der Taufe nicht einig. Wann und wie? Wir haben unterschiedliche Gemeindeverständnisse. In den letzten Jahrzehnten sind schwere Konflikte an der Frage entstanden, wie der Heilige Geist wirkt und erfahren wird. Darüber haben sich viele Gemeinden gespalten.

Auch die Diskussion um Homo-Ehe und deren Segnung ist Sprengstoff. In den Landeskirchen seit langem, aber auch in Gemeinschaften und Freikirchen. Viele warnen davor, dieses Thema überhaupt aufzurufen. Es wirkt zerstörerisch. Alles wird zerstört, nichts wird aufgebaut. Vermeidet das Thema, raten deshalb viele. Aber die Kluft wird von evangelikalen Befürwortern der Segnung und Trauung gleichgeschlechtlicher Paare neuerdings noch tiefer aufgerissen, indem sie auch landeskirchliche Gemeinschaften und freikirchliche Gemeinden auffordern, es den Landeskirchen gleichzutun.

Auch über Frauen in der Leitung und Verkündigung wird heftig gestritten. Erst recht brechen Konflikte aus, wenn es um Politik geht. Man sollte denken, in der Politik ginge es meistens nicht um Glaubensbekenntnisse, sondern um Sach-fragen, Ermessensfragen und Interessen. Aber wie man in der Corona-Zeit sieht, sind Christen sehr gegensätzlicher Meinung nicht nur in der Bewertung medizi-nischer Aussagen, sondern auch in der Bewertung politischer Maßnahmen. Und dann sind da natürlich noch die Klimafrage und die Auseinandersetzungen über die Flüchtlingspolitik.

Für uns erscheint die Frage wichtig: Ist die Bibel Gottes Wort oder enthält sie nur Gottes Wort? Woran soll man denn erkennen, ob es Gottes Wort oder eben nur Menschenwort ist?

Wie ist der biblische Schöpfungsbericht zu verstehen? Muss man von 24-Stunden-Tagen ausgehen oder können die Tage auch als längere Perioden verstanden werden?

Wie ist es zu deuten, wenn die Bibel vom Reden und Handeln Gottes berichtet? Sind das Tatsachenberichte? Oder wurden Glaubensüberzeugungen in Legenden gekleidet? Hier liegen wohl die tiefsten Ursachen für die entscheidenden Konflikte.

Das wird bei der Jungfrauengeburt und bei den Wundern konkret. Alle gläubigen Muslime glauben zwar an die Jungfrauengeburt bei Maria als Tatsache, weil der Koran es so lehrt. Aber viele evangelische Pfarrer und Bischöfe haben öffentlich erklärt, dass sie das nicht so sehen.

Besonders umstritten ist die Frage, ob der Tod Jesu am Kreuz wirklich als Sühnetod für unsere Sünden geschehen ist. Weit verbreitet ist die Ansicht, diese Kreuzestheologie sei eine sadomasochistische Männerfantasie, die endlich ausgemerzt werden müsste. Was sei das für ein Gott, der seinen Sohn abschlachten lassen muss, um uns vergeben zu können. Das sei ja Gewaltverherrlichung. Als Folge besserer Erkenntnis sollte es beim Abend mahl nicht mehr heißen: „Christi Blut für dich vergossen".

Bei der Auferstehung Jesu wird gefragt, ob es nötig sei anzunehmen, dass das Grab leer war. Muss man das alles nicht im übertragenen Sinne verstehen? Bezweifelt wird, dass Jesus tatsächlich wiederkommen wird, um die Toten aufzuerwecken und das Weltgericht zu halten.

Sie sehen, jede Menge Streitfragen. Dabei gibt es Unterschiede, die in einer Gemeinde ertragen werden können. Ich bin der Überzeugung, dass insbesondere politische Meinungsverschiedenheiten in einer Gemeinde ausgehalten werden müssen und können. Andere Unterschiede sind so gewichtig, dass sie zu Gemeindespaltungen führen.

Manche sagen: Bei allen Unterschieden und Gegensätzen – auch in der Beurteilung der Bibelautorität – können wir doch im Bekenntnis zu Jesus einig sein. Ist das nicht am wichtigsten? Entspricht das nicht dem, was Martin Luther meinte: „was Christum treibet".

Jesus Christus ist die Mitte, nicht wahr?

3   Es geht vor allem um Jesus Christus

Selbstverständlich ist es unsere Überzeugung, dass Jesus Christus die Mitte der Heiligen Schrift ist. Durch ihn erkennen wir den Dreieinigen Gott. Durch ihn werden wir mit Gott versöhnt. Er wird wiederkommen zum Gericht und zur Vollendung der Welt. Ja, es geht vor allem um Jesus Christus.

Nun beobachten wir, dass man sich in den evangelischen Kirchen auch dort auf die Einheit in Jesus Christus beruft, wo man im Bibelverständnis und in der Auslegung der Bibel uneins ist? In der Synode der Evangelischen Kirche in Württemberg redete man von der Kirche als einer „Auslegungsgemeinschaft" und stellte zugleich ausdrücklich fest, dass man sich weder im Bibelverständnis noch in der Auslegung der Bibel einig ist. Geht das denn? Es wird beteuert: Ja, weil wir im Glauben an Jesus Christus geeint sind.

Wie kann das sein? Von welchem Jesus ist da die Rede? Woher weiß ich, wer Jesus ist? Es gibt wenige Satzfetzen über Jesus von römischen Schriftstellern, die die Existenz und den Kreuzestod von Jesus beweisen. Sonst haben wir nur die biblischen Schriften als Quellen. Die radikalen Bibelkritiker haben behauptet, dass die Evangelien keine verlässlichen Aussagen über den historischen Jesus enthalten. Alle Worte seinen Jesus nachträglich von der Gemeinde Jesus in den Mund gelegt worden. Er habe natürlich nicht sein Leiden und Sterben am Kreuz und seine Auferstehung voraussagen können. Er habe auch die Zerstörung des Tempels nicht voraussagen können. Warum nicht? Weil niemand weiß, was in Zukunft passiert. Logisch?

Und auch die Wundergeschichten seien keine Tatsachenberichte, sondern mythische Ausdrucksweisen für Glaubensüberzeugungen der ersten Christen-generationen. So auch die Berichte über die Begegnungen der Jünger mit dem Auferstandenen.

Ist das Jesus-Bild in den Evangelien also ein Produkt der religiösen und weltan-schaulichen Vorstellungen der ersten Christen-Generationen? „Gemeindebildung" nennen das die Theologen, die solche Auslegungsmethoden anwenden. Unter denen gibt es natürlich Unterschiede. Es gibt radikal kritische und gemäßigt kritische. Die Ergebnisse variieren. Was Jesus angeblich wirklich gesagt oder nicht gesagt haben kann, was er wirklich getan hat oder was ihm in gläubiger Verehrung nachträglich angedichtet worden ist – das ist ein weites Feld. Und jeder kann sich heraussuchen, was ihm gefällt.

Die Chiffre „Jesus Christus" bleibt gleich, aber das Wort ist eine Leerformel, die mit unterschiedlichen, auch gegensätzlichen Inhalten gefüllt werden kann. Was wissen wir von Jesus, wenn wir der Bibel nicht vertrauen können?

Mir ist nicht bekannt, dass irgendjemand in Kirche und Theologie bestreitet, dass es auf die Frage „Wer ist Jesus?" in Kirche und Theologie keine gemeinsame Antwort gibt. Worin aber besteht dann die so feierlich beschworene Einheit in Christus? Was wird aktuell in den evangelischen Kirchen darunter verstanden, wenn Luthers „Was Christum treibet" zitiert wird?

Ergebnis: Wenn die Schriftfrage nicht geklärt ist, haben wir auch keine eindeutige, gemeinsame Antwort auf die Frage, wer Jesus Christus ist.

Wir kommen also um eine Auseinandersetzung nicht herum. Das ist auch nicht neu. Die Auseinandersetzung finden wir schon im Neuen Testament.

4 Scharfe Töne im Neuen Testament

In Galater 1,6–10 schreibt Paulus: Kein anderes Evangelium! In scharfen Tönen droht er sich selbst und allen anderen den Fluch Gottes an, falls sie ein anderes Evangelium verkündigen würden. Worum geht es da? Kreuz und Auferstehung Jesu stand dort gar nicht in Frage. Es ging um die Speisekarte. Was darf man essen? Was ist rein, was unrein? Und es ging darum, ob die Beschneidung heilsnotwendig ist – auch für Menschen, die nicht zum Volk Israel gehörten.

Dieser Konflikt wurde auf dem Apostelkonzil in Jerusalem (Apostelgeschichte 15) entschieden. Nichtjuden sind ohne Beschneidung gerettet, wenn sie die Vergebung der Sünden auf Grund des Kreuzestodes und der Auferstehung Jesu empfangen. In Jesus sind die Reinheitsgebote des Alten Testamentes erfüllt. Die Gnade allein rettet. Dem darf keine weitere Bedingung hinzugefügt werden.

Die Galater hatten so eine Art Jesus-plus-Theologie. Natürlich Jesus, sein Kreuz, die Auferstehung, die Gnade. Aber ein echter Christ isst auch kein Schweinefleisch, hält die jüdischen Feiertage und hält die Beschneidung für heilsnotwendig. Dazu sagt Paulus nicht, dass man das so oder so sehen kann. Er sagt, dass jemand alles verloren hat, wenn er der Rettung durch Jesus etwas anderes als zusätzlich notwendig hinzufügt.

Und gleich hinterher gibt Paulus die Begründung. In Galater 1,11f schreibt er, dass er das Evangelium nicht von Menschen gelernt und empfangen hat, sondern durch Offenbarung Jesu Christi. Er will also nicht seine theologische Meinung durchsetzen. Was er verkündet, beansprucht göttliche Autorität, weil es von Jesus Christus selbst offenbart ist. Nur Jesus Christus rettet!

Die Offenbarung Gottes in Jesus Christus wird durch Augen- und Ohrenzeugen, nämlich die Apostel und Apostelschüler, verkündet. Deren Botschaft lesen wir in der Bibel. Das ist Gottes Wort. Ohne das Zeugnis der Augen- und Ohrenzeugen wissen wir nichts von Jesus. Die Autoren des Alten und des Neuen Testaments sind aus Gnaden gerettete Sünder wie wir, aber im Unterschied zu allen anderen Christen gehören sie auch auf die Seite der Offenbarung Gottes. Das macht die Qualität der Bibel als Wort Gottes aus. Die Bibel ist das Dokument der Offenbarung Gottes.

Schon im ersten Jahrhundert gab es allerlei verführerische Lehren, die in den christlichen Gemeinden um Anerkennung warben. Die Gemeinden wehrten von Anfang an Irrlehren unter Berufung auf die Schriften der Apostel- und Apostelschüler ab. Sie erkannten die Bibel als Wort Gottes an.

Die alte Kirche hat die Bibel als Maßstab – man nennt das den Kanon – nicht geschaffen, sondern in Auseinandersetzung mit den Irrlehren als Dokument der Offenbarung Gottes und darum als Maßstab anerkannt.

Es gab schon im 2. Jahrhundert einen reichen Reeder Marcion, der das Alte Testament als gewalttätig und unchristlich kritisierte und auch Teile des Neuen Testamentes verwarf. Er hatte in den ersten Jahrhunderten großen Einfluss in vielen Gemeinden. Aber die Kirche berief sich gegen ihn auf die ganze Heilige Schrift. Jesus hat das Alte Testament anerkannt. So bezeugen es die Augen- und Ohrenzeugen. Darum lehnte die alte Kirche die Irrlehre des Marcion ab.

Die Auseinandersetzung um die Autorität ist also nicht neu. Die Christen mussten von Anfang an darum ringen und die Frage beantworten: Was ist Irrlehre und was ist Gottes Wort? Die Christen wurden durch das Lesen der ganzen Bibel urteilsfähig. Darum macht es mir Sorge, wenn ich beobachte, dass viele Christen heute die Bibel nicht regelmäßig lesen. Sie folgen Gefühlen, orientieren sich an eindrucksvollen Predigern und sind nicht urteilsfähig, weil sie die Bibel nicht im Zusammenhang regelmäßig lesen.

Darum haben Missionare immer dafür gesorgt, dass Menschen das Evangelium nicht nur in mündlicher Verkündigung hören, sondern das Lesen und Schreiben lernen, um die Bibel lesen zu können. Und deshalb kämpfen wir heute darum, dass die Christen das Lesen nicht verlernen. Wir sollen im Wort Gottes gebildet und durch die Bibel urteilsfähig werden.

Dabei geht es nicht um Rechthaberei. Sondern?

5   Es geht um Rettung der Menschen

Nicht aus Rechthaberei ist Paulus so eindeutig und verbindlich, wenn es um den Inhalt des Evangeliums geht. Die Menschen sollen wissen, dass Jesus allein der Retter ist.

„Gott, unser Heiland, will, dass alle Menschen gerettet werden und zur Erkenntnis der Wahrheit kommen. Denn es ist ein Gott und ein Mittler zwischen Gott und den Menschen, nämlich der Mensch Christus Jesus, der sich selbst gegeben hat für alle zur Erlösung, dass dies zu seiner Zeit bezeugt wird." (1. Timotheus 2,3–6).

Das ist sehr klar. In diesem Zusammenhang fordert Paulus zur Fürbitte für alle Menschen und insbesondere für die Regierungen auf, damit wir ruhige Zeiten haben und den Auftrag der Verkündigung des Evangeliums an alle Menschen erfüllen können.

Wichtig ist der Inhalt. Es geht im Jesus, den Retter und Herrn. Wir kämpfen auch mit unserem Netzwerk darum, dass dieses Evangelium nicht entstellt wird. Wenn Christen nicht gewiss sind, dass nur Jesus die Rettung für Zeit und Ewigkeit bringt, sehen sie offensichtlich auch nicht die Notwendigkeit zur Mission und Evangelisation. Sie sehen es nicht als dringlich und vorrangig an, das Evangelium von Jesus allen Menschen zu sagen.

Nun aber geht um die Methoden. Paulus, der so streng und verbindlich den Inhalt des Evangeliums betonte, hat auch diesen Satz geschrieben: „Ich bin allen alles geworden, damit ich auf jede Weise einige rette." (1.Kor 9,22)

Da geht es um Lebensweisen, auch um die Speisekarte. Paulus war sehr flexibel und ideenreich in den Formen der Verkündigung, weil er ganz nah bei den Menschen sein wollte. In der Stammgemeinde Jerusalem fanden manche sehr gefährlich und grenzwertig, was Paulus machte. Manche befürchteten, dass er mit den Formen auch den Inhalt veränderte. Darum gab es die schweren Auseinandersetzungen, von denen wir im Galaterbrief und in Apostelgeschichte 15 lesen.

Wenn es um den Inhalt des Evangeliums ging, hat sich Paulus nichts abmarkten lassen. Nicht, weil er Recht haben wollte, sondern weil nur Jesus rettet.

Wenn wir im Netzwerk dafür eintreten wollen, dass die Wahrheit des Evangeliums nicht verfälscht wird, dann müssen wir auch die Probe aufs Exempel zulassen. Tun wir das aus Retterliebe oder sind wir rechthaberische Betonköpfe? Die Retterliebe ist daran zu erkennen, dass Christen leidenschaftlich unterwegs sind, um den Menschen, die Jesus noch nicht folgen, das Evangelium zu bringen.

Paulus schreibt im 2. Korintherbrief: „Denn die Liebe Christi drängt uns." (2.Korinther 5,14) Diese Liebe ist der Motor, der uns antreibt. Paulus wurde verjagt, verhaftet, verprügelt und gesteinigt. Das hat ihn nicht aufhalten können weiterzumachen. Die Menschen brauchen Jesus.

Ich sage selbstkritisch: Das wird auch der Echtheitstest für das sein, was wir im Netzwerk betreiben. Wenn wir nur eine Ansammlung von rechthaberischen Besserwissern sind, dann kann kein Segen auf diesem Unternehmen ruhen. Der Kampf um die Wahrheit des Wortes Gottes ist die Grundlage für eine leidenschaftliche Evangelisation.

Geschieht es aus Liebe, dass wir das Evangelium verkündigen, oder wollen wir uns nur selbst darstellen? Treibt uns die Liebe, weil Menschen verloren gehen, die Jesus nicht kennen. Der Herr Jesus kann das Feuer wieder anzünden, wo nur noch Asche und Müdigkeit, Resignation oder gar Bitterkeit ist. Jesus zündet das Feuer seiner Liebe in uns an.

Gott hat uns an unterschiedliche Plätz gestellt, weil er uns dort als seine Zeugen haben will. Jeder hat seine besondere Reichweite. Gemeinden sollen in ihre Regionen ausstrahlen.

Ich bin überzeugt, dass wir auch heute dafür eintreten und kämpfen sollen, dass die Bibel Gottes Wort ist. Aber wir sollten für diesen Verteidigungskampf immer nur einen Teil unserer Kraft einsetzen. Die Hauptkraft sollen wir dafür nutzen, dass dieses rettende Evangelium zu den Menschen kommt, die Jesus nicht kennen. Dafür sollte jeder Gemeinde fantasiereich arbeiten. Die Fantasie ist die Tochter der Liebe.

Sucht Wege zu den Herzen der Menschen! Es gibt nur einen Weg zu Gott, der heißt Jesus. Aber es gibt Millionen Wege zu den Millionen Menschen. Wenn jeder, der Jesus nachfolgt, seine Geschichte erzählt, wie er zu Jesus gekommen ist, dann gibt es nicht zwei gleiche Geschichten. Es gibt nicht nur eine Methode der Evangelisation. Paulus hat nicht gesagt, er habe da eine tolle Idee, mit der man alle erreicht. Er schreibt: „Ich bin allen alles geworden, damit ich auf alle Weise einige rette."

Er wollte die Menschen auch nicht nur erreichen, er wollte sie retten. Er war erst am Ziel, wenn Menschen Jesus angenommen, ihre Sünden bekannt, sich bekehrt haben und sagten: „Jesus, dir gehört mein Leben, ich will nach deinem Wort aus deiner Kraft leben. Bring mich zum Ziel der Herrlichkeit!"

Lasst euch ermutigen! Ja, Kampf um die Wahrheit des Evangeliums ist nötig, aber aus Retterliebe, nicht aus Rechthaberei.

Dies ist die leicht gekürzte Fassung eines Vortrags, der am 9. September 2020 in Villingen-Schwenningen gehalten wurde. Die Originalfassung ist auf der Internetseite und auf dem YouTube-Kanal des Netzwerks Bibel und Bekenntnis zu sehen und zu hören:

⇗ https://www.bibelundbekenntnis.de/videos/retterliebe-nicht-rechthaberei/

⇗ https://www.youtube.com/watch?v=QdCg7vpzPeA

Einladung, dem Netzwerk Bibel und Bekenntnis beizutreten

Das Netzwerk Bibel und Bekenntnis wurde im Januar 2016 gegründet. Anlass und Arbeitsweise sind der Internetseite www.bibelundbekenntnis.de zu entnehmen. Was ist seine Aufgabe?

Wir wollen Stimme sein und stärken. Wir bieten Gemeindegliedern und Pastoren eine Plattform, für die Gültigkeit der Bibel als Wort Gottes in den aktuellen Auseinandersetzungen einzutreten. Wir bieten ihnen auf unserer Internetseite Klärung, Argumentationshilfen und Ermutigung an. Wir freuen uns, dass die Mitgliederzahl stetig auf jetzt über 2.780 (Stand Oktober 2020) gewachsen ist. Außerdem sind 35 landeskirchliche und freikirchliche Gemeinden sowie landeskirchliche Gemeinschaften dem Netzwerk beigetreten, auch 39 weitere Organisationen.

Wenn Sie als Person unserem Netzwerk beitreten wollen, prüfen Sie bitte, ob Sie mit unseren Zielen übereinstimmen, die in einem Kommuniqué formuliert sind, das sie auf unserer Internetseite unter ☐ https://www.bibelundbekenntnis.de/kommunique-vom-23-januar-2016/ finden. Dann füllen Sie bitte das Beitrittsformular aus und senden es ab: ☐ https://www.bibelundbekenntnis.de/netzwerk-beitreten/ Wir bitten um Verständnis, dass wir nur die Beitrittsmöglichkeit über unsere Internetseite anbieten können.

Wir veröffentlichen nur Namen und Wohnort, keine Adressen, Telefonnummern oder Mailadressen. Auf Wunsch können Sie auch Mitglied werden, ohne auf der öffentlichen Liste zu erscheinen. Wir erheben keine Mitgliedsbeiträge.

Wenn Sie mit Ihrer Gemeinde oder Organisation dem Netzwerk beitreten wollen, führen Sie zuerst einen einmütigen Beschluss Ihres Leitungsgremiums herbei. Füllen Sie dann das Formular für den Beitritt einer Gemeinde oder das für den beitritt einer Organisation aus und senden es ab.

Für Gemeinden:

⬈ https://www.bibelundbekenntnis.de/dem-netzwerk-als-gemeinde-beitreten/

Für Organisationen:

⬈ https://www.bibelundbekenntnis.de/dem-netzwerk-als-organisation-beitreten/

Die Leitung des Netzwerks prüft die Aufnahme und trägt sie in die Liste auf der Internetseite ein.

Als Mitglied erhalten Sie unsere Newsletter mit aktuellen Informationen. Sie können diese Newsletter auch kostenlos abonnieren, wenn Sie kein Mitglied des Netzwerks sind. Den Hinweis auf das Bestellformular finden Sie auf der Startseite rechts unten: www.bibelundbekenntnis.de

Publikationen

Gottes Wort gilt – Dafür tritt das Netzwerk Bibel und Bekenntnis ein

In den evangelischen Kirchen schwelt seit Jahren ein Konflikt um die Grundlagen des christlichen Glaubens. Welche Bedeutung hat Jesus Christus, insbesondere sein Kreuzestod? Ist Jesus tatsächlich auferstanden? Gibt es viele Wege zum Heil oder ist Jesus der einzige? Gelten Gottes Gebote auch heute? Ist die Bibel Gottes Wort? Einige evangelische Kirchenleitungen haben die Segnung und die Trauung gleichgeschlechtlicher Paare in öffentlichen Gottesdiensten beschlossen und versuchen sie gegen den Widerstand nicht weniger Mitglieder und Mitarbeiter durchzusetzen.

Anfang 2016 hat sich das „Netzwerk Bibel und Bekenntnis" gebildet und ruft zum Widerstand auf. Die Mitglieder treten für die Gültigkeit der Bibel als Wort Gottes ein. Bisher wurden Stellungnahmen zu den aktuell strittigen Themen vor allem auf der Internetseite www.bibelundbekenntnis.de veröffentlicht. In diesem Buch hat Ulrich Parzany nun einige Texte zusammengestellt, die zeigen, wofür das Netzwerk eintritt und mit welchen Begründungen. Das Buch richtet sich an Christen aus Landeskirchen, landeskirchlichen Gemeinschaften und Freikirchen – an Kirchengemeinderäte, Presbyter, Gemeinschaftsleiter, Älteste, Pfarrer, Pastoren. Es soll orientieren und wachrütteln.

80 Seiten, Einzelpreis 2,50 Euro, ISBN 978-3-945818-05-3

Preisstaffel:

1 Buch × 2,50 € =		2,50 €
ab 5 Bücher × 2,30 € =		11,50 €
ab 10 Bücher × 2,00 € =		20,00 €
ab 25 Bücher × 1,50 € =		37,50 €

Bezug über Logos Editions: Postfach 1131, 91502 Ansbach
Telefon: 09871 444-956, Telefax: 09871 444-954
E-Mail: ksbb-bayern@gmx.net oder im gut sortierten Buchhandel

Gesunde Lehre
Texte aus dem Netzwerk Bibel und Bekenntnis

Das Netzwerk Bibel und Bekenntnis will Christen, insbesondere ehrenamtlichen und hauptamtlichen Mit-
arbeitern in christlichen Gemeinden und Organisationen
helfen, gesunde biblische Lehre zu erkennen, zu studieren
und urteilsfähig zu werden. Sie sollen in die Lage versetzt
werden, gesunde Lehre in den Gemeinden zu vermitteln.
Wir nutzen für diesen Dienst kontinuierlich unsere Internetseite www.bibelundbekenntnis.de. Einige dort erschienene wichtige Beiträge sind in diesem Buch zu lesen. Von
der ersten Gemeinde in Jerusalem lesen wir, dass sie beständig in der Lehre der
Apostel blieben. (Apostelgeschichte 2,42) Das ist auch heute wichtig.

In dem von Ulrich Parzany herausgegebenen Sammelband finden sich Aufsätze zu
zahlreichen, die christliche Lehre betreffenden Themen. Es geht sowohl um das Ver-
hältnis des Christentums zum Judentum und zum Islam, wie auch um Themen aus
der Sexualethik und den Grundlagen der Reformation. Aber auch die Frage nach
der Wahrheit im Zeitalter postmoderner Wahrheitsleugnung wird nicht ausge-
spart. Die Autoren sind Gewährsleute für das Thema „Gesunde Lehre". Unter ihnen
befinden sich neben dem Herausgeber auch Landesbischof em. Prof. Dr. Gerhard
Maier und der frühere Allianzvorsitzende Prof. Dr. Rolf Hille. Zahlreiche Professoren, Bibelschullehrer, Pfarrer und andere in der gemeindlichen Praxis bewährte
Christen haben mit ihren Schriften dazu beigetragen, dass das Netzwerk ein weiteres Buch herausgeben kann, in dem das Thema von verschiedensten Seiten
beleuchtet wird, Orientierung vermittelt und stärkt.

1. Auflage, 96 Seiten, Einzelpreis 3,80 Euro   ISBN 978-3-945818-13-8

Preisstaffel:

1 Buch	× 3,80 € =	3,80 €
ab 5 Bücher	× 3,20 € =	16,00 €
ab 10 Bücher	× 3,00 € =	30,00 €
ab 20 Bücher	× 2,50 € =	50,00 €
ab 50 Bücher	× 2,00 € =	100,00 €
ab 100 Bücher	× 1,80 € =	180,00 €

Bezug über Logos Editions: Postfach 1131, 91502 Ansbach
Telefon: 09871 444–956, Telefax: 09871 444–954
E-Mail: ksbb-bayern@gmx.net oder im gut sortierten Buchhandel